누워서 떡먹기가 영어로 뭐야?!

두 문화속에 숨겨진 같은 의미의 속담이야기

박상옥 저

신아사

두 문화속에 숨겨진 같은 의미의 속담이야기
누워서 떡먹기가 영어로 뭐야?!

1판 1쇄 발행 _ 2012년 3월 30일

저　자 • 박 상 옥
발 행 인 • 정 현 걸
발　행 • 신 아 사
인　쇄 • 성실인쇄
출판등록 • 1956년 1월 5일 (제9-52호)
주　소 • 서울특별시 은평구 녹번동 28-36번지 2F
전　화 • 02) 382-6411 · 팩스 02) 382-6401
홈페이지 • www.shinasa.co.kr
E-MAIL • shinasa@chol.com

ISBN 978-89-8396-765-7 (03740)

정가 12,000원

책을 펴내며

속담은 성경이나 세익스피어의 작품같은 고전에서, 일반 문학작품에서, 또는 종교인, 정치가 같은 지도자의 말 등에서 근원을 찾을 수 있으며 간결하고, 함축적이며 은유적으로 대중의 사고를 표현함으로써 사람들에게 삶의 지혜를 가르쳐준다. 따라서 시간적, 공간적 제약을 초월하는 보편성을 띠기도 하고 특정 민족의 정서를 반영하기도 한다. 그런데 우리가 일상에서 무의식적으로 사용해온 속담들 중 상당 경우는 서양 속담을 번역한 것들인데도 불구하고 우리의 사고와 비슷하거나 동일하기 때문에 자연스럽게 쓰이고 있음을 알 수 있다. '하늘은 스스로 돕는 자를 돕는다,' '필요는 발명의 어머니다,' '모든 길은 로마로 통한다' 등이다. 반면 놀라운 사실은 이처럼 서양으로부터 도래된 속담이 아닌데도 우리가 즐겨 쓰는 속담 중 서양속담과 유사하거나 거의 동일한 것들이 무수히 많다는 점이다. '부부싸움은 칼로 물 베기다,' '삼세번,' '정에서 노여움 난다' 등을 들 수 있으며 이는 매우 흥미로운 일이라 할 수 있다.

이 책의 특징은 몇 가지로 정리될 수 있다. 첫째, 영어 속담들을 유사하거나 동일한 의미를 가지고 있는 우리 속담들을 통해 소개하고 있는 점이다. 우리말식 사고를 자연스럽게 영어식 사고로 표현할 수 있도록 안내하기 위함이다. 둘째, 각 속담들이 쓰여질 수 있는 일상적인 상황설정과 함께 영어 속담들을 소개함으로써 독자들이 속담들을 정확하고 적절하게 활용할 수 있도록 기획하였다. 셋째, 각 속담이 시사하는 의미를 삽화형식을 통해 표현함으로써 그림만 보고도 각 속담이 쓰일 수 있는 상황을 연상할 수 있도록 구성하였다. 넷째, 각 속담이 적절하게 쓰일 수 있는 영어식 표현 예문을 두 사람의 대화 형식으로 제시함으로써 독자들이 영어 속담을 일상생활에서 자연스럽게 활용해 볼 수 있도록 하였다. 다섯 째, 이상과 같은 기획원칙 하에 영어권과 한국이라는 두 문화권에서 서로 유사하거나 동일하게 사용될 수 있는 속담 200개를 선장한 다음 이를 다시 20개의 주제로 묶어 유형화 하였다.

외국어인 영어를 효과적으로 지도하거나 학습하기위해 가장 중요한 요소는 흥미이다. 한 때는 드라마가 한국을 세계에 알리는 역할을 톡톡히 하더니 이제는 K-Pop이 가세를 하고 있다. 세계 곳곳에서 한글을 배우고 싶어 하는 사람들이 점점 많아지는 것은 드라마나 K-Pop이 그들에게 흥미를 유발하고 있기 때문이다. 이러한 인식하에 이 책은 기존의 영어 속담 관련 도서들과 달리 어린 학생부터 어른까지, 그리고 초보자에서 고급수준의 학습자에 까지 흥미를 가지고 영어 속담을 익힐 수 있도록 내용을 구성하였다. 예컨대, 우선 우리말로 표현된 상황설정 및 영어식 표현예문을 삽화를 보면서 영어와 우리말 속담을 비교하며 익힐 수 있게 함과 동시에 두 언어 간 표현의 차이까지도 체득할 수 있도록 편제를 구성하였다. 이어서 관련 영어 예문을 제시하여 그 영어 속담이 구체적으로 어떤 상황에서 어떻게 쓰일 수 있는지를 터득할 수 있는 실질적 활용사례를 예시함으로써 자주 쓰이고 있는 영어숙담들을 자연스럽게 활용할 수 있는 능력을 키워주고자 노력하였다.

마지막으로 이 책을 출판하기까지 많은 분들로부터 도움을 받았다. 우선 오랫동안 곁에서 격려하고 조언을 아끼지 않은 남편에게 감사한다. 다음으로 책표지 디자인을 위해 귀한 작품을 선뜻 내주신 홍익대학교 교육대학원 정덕영 교수께 진심으로 고마움을 전하고 싶다. 아울러 각 영어 속담에 어울리는 삽화들을 하나 하나 세심하게 그려서 책의 가치를 더해준 교육대학원생 장혜원양에게 감사한다. 또한 원고를 직접 읽거나 유용한 영문 또는 한문 자료를 주기도 하고 기타 조언을 해주신 홍익대학교 사범대학 영어교육과 세분 선배교수(홍익대학교 명예교수), 이신유, 변희준, 장신재 교수와 문과대학 장사선 교수, 오근재 명예교수께 감사드린다. 영어 예문 부분을 검토해주신 영어교육과 Karen Ryder 선생님께도 고마운 마음을 전한다. 교육대학원생 김진경양의 조언도 많은 도움이 되었다. 끝으로 출판을 기꺼이 허락하고 맡아주신 신아사 정현걸 사장께 감사드린다.

2012년 2월

저자 박상옥

두 문화속에 숨겨진 같은 의미의 속담이야기

누워서 떡먹기가 영어로 뭐야?!

목 차

두 문화속에 숨겨진
같은 의미의 속담이야기

가정

01

집은 마음의 고향이다 / 고기도 자기가 놀던 물이 좋다.

Home is where the heart is / There is no place like home.

(A person is happiest with his or her family and friends.)

J양은 대학 졸업 후 결혼을 하였고 곧 남편과 같이 외국 유학을 떠났다. 처음에 한동안은 거의 매일 가족과 고국을 그리워하며 혼자 울었다. 시간이 지나면서 그리움이 참을만은 하였지만 방학이 되거나 새로 온 유학생을 만나게 되면 그리움이 되살아나 눈물을 삼켜야했다. 집을 떠나보면 고마움을 알게 된다는 말이 있듯이 외국에 살아보아야 가족이 얼마나 그리운지를 알게 된다. 심지어 가족 모두가 이민을 가서 고국에는 남은 친척이 거의 없는데도 늘 고국을 생각하며 외롭게 지내는 노인들을 흔히 본다. 외국이 아니더라도 시골에서 어린 시절을 보내고 도시로 유학한 후 도시에서 자리를 잡은 사람들도 늘 고향을 그리워하며 살기도 한다.

A : What did you do during vacation?

B : I went to India and worked for Indian natives to build a school. I missed my family a lot. I realized 'Home is where the heart is' / 'There is no place like home.'

안에서 새는 바가지 밖에서도 샌다.

Charity begins at home.

(One should take care of one's own family, friends, or fellow citizens before helping others.)

한 때 사이비 종교를 믿는 사람들이 집단으로 자살한 사건이 있었다. 세상의 종말을 두려워한 신도들이 모든 재산을 정리하여 목회자에게 바치고 가족들마저 버린 채 집단생활을 하다가 비극적인 최후를 맞았던 것이다. 마치 세뇌된 북한 사람들이 굶주리고 억압된 생활 속에서도 김일성, 김정일, 김정은을 가장 위대한 수령이라고 외치며 떠받드는 것과 유사하다. 그러나 모든 것은 가족이 함께 하는 가정에서 출발한다. 그래서 정상적인 목회자는 우선적으로 가정을 지키라고 설교한다. 맹자도 "노오로 이급인지로, 유오유 이급인지유, 천하가운어장(老吾老 以及人之老, 幼吾幼 以及人之幼, 天下可運於掌)"이라 하여 '내 집안 노인을 받드는 일로부터 나아가 다른 집안 노인을 받들며 내 집안 아이를 돌보는 일로부터 나아가 다른 집 아이를 돌 볼 수 있다면 천하를 다스리는 일은 손바닥 안에서 운용될 수 있다'고 하였다.

A : I would like to visit a senior center to work as a volunteer during summer.

B : It's a good idea, but you have your own parents and children to take care of. 'Charity begins at home.'

천생연분 / 찰떡궁합.

Match made in heaven.

(Marriage is not man-made, but God-made.)

예나 지금이나 남녀간의 결혼은 연분이 있어야 가능하다. 그런데 부부가 살아가면서 서로 원수가 되어 싸우다 못해 살인으로까지 이르게 되는 경우도 있어 뉴스거리가 된다. 수수께끼 낱말풀이 텔레비전 프로그램에서 할아버지가 설명을 했다. '여보, 우리같은 사이를 뭐라고 하지?' '웬수.' 당황한 할아버지가 네 개의 손가락을 펴 보이며 '아니, 그게 아니고 네 글자.' '평생웬수.' 여자는 나이가 들면서 에스트로겐이라는 호르몬 분비가 줄어든다고 한다. 그러면서 과격해지고 공격성이 강해지는 반면 남자는 여성스러워진다는데 평생 서로의 소중한 반려자로 함께 어루만지고 살아갈 수 있을 때 엉뚱한 낱말풀이로 아까운 상금을 날리는 일이 없게 되지 않을까 한다.

A : Although the couple next door have been married for more than twenty years, they still love each other very much and have a harmonious relationship. It's a 'Match made in heaven.'

B : I have seen many similar couples too.

짚신도 짝이 있다.

Every Jack has (must have) his Jill.

(For every man there is a woman.)

D씨의 사촌형은 농과대학을 졸업하고 농촌에서 부모님과 함께 농사를 짓고 사는 농촌 총각이다. 결혼을 하고 싶어도 시골에서 살겠다는 여자가 없어 고민을 하다가 국제결혼을 하기로 하였다. 결혼 중개업자를 통해 베트남 여자를 만나게 되었고 두 아이를 낳아 재미있게 살고 있다. 자의든 타의든 독신이 점점 증가하는 추세에서 특히 농촌 노총각들이 짝을 못 찾아 베트남, 필리핀, 중국과 같은 동남아시아 국가의 여성들을 아내로 맞이하여 이들의 수가 25%까지 되었다고 한다. 그리고 이렇게 다문화가정이 늘어나면서 사회적으로 많은 문제가 발생한다고 한다. 한편 결혼은 모두에게 더 이상 필수가 아니라는 인식도 점점 높아지는 추세라니 안 그래도 많은 나라가 인구감소로 고민하는 상황에서 미래가 걱정스럽기도 하다.

A : My son is 41 now, but he seems not to be interested in getting married yet. I keep on asking him to make an effort to meet a life-long partner.

B : I understand how you feel. But don't worry. 'Every Jack has (must have) his Jill.'

남편은 두레박, 아내는 항아리.

Men make houses, women make homes.

(Husbands and wives have different roles to play.)

수잔부인은 활발한 여권 운동가이다. 남자와 여자는 평등하므로 무엇이나 똑같이 하고 똑같이 대접 받아야 한다고 주장한다. 그러나 많은 다른 여권 운동가들은 진정한 평등은 차이를 인정하고 각자의 역할을 충실히 이행하는 것이라고 주장한다. 예를 들면 일반적으로 감성이 발달한 여성은 가정에서 육아교육을 더 잘할 수 있고 체력이 우수한 남성은 육체적 노동을 요구하는 집안일을 더 잘할 수 있으므로 역할을 분담해야 한다는 것이다. 이처럼 가족구성원이 각자 더 잘할 수 있는 영역에서 능력을 발휘하도록 역할을 분담한다면 조화로운 가정을 이룰 수 있을 것이다. 인기 개그프로그램의 한 코너에서 남자 코미디언이 '여자가 정치를 하면 아이는 누가 보느냐?'고 외치기도 하지만 요즈음에는 남자 가정주부(house husband)도 이상하지 않다.

A : Wives these days complain about their husbands' not helping them in their housework like cooking, washing and raising children.

B : Can they repair electrical appliances or broken toilets? They should not make too many expectations from their male partners. In general, 'Men make houses, women make homes.'

부부싸움은 칼로 물 베기다.

Lovers' quarrels are soon to be mended.

(Most arguments between couples will be naturally resolved.)

옆집에 사는 N씨 부부는 결혼 10년차로 아이가 둘이다. 이해하기 힘든 것은 자주 부부싸움을 크게 하곤 하는데 다음 날 별일 없었다는 듯 평온하다는 것이다. 싸움은 주로 남자가 술을 많이 마시고 온 날 하는 것 같다. 결혼을 코앞에 둔 사람으로서 잘 이해가 되지 않지만 남남이 만나 사는 것이 부부이기 때문에 의견차이가 생기는 것은 당연하고 그래서 가끔 말다툼을 하면서 서로를 더 잘 이해하게 되는지도 모르겠다. 문제는 서로 똑똑하다고 생각하면서 작은 문제에도 참지 못하고 갈라서는 부부가 점점 늘어난다는 것이다. 그래서 결혼식을 올리고도 혼인신고를 미루는 부부가 많고 남자 측 부모가 아무리 경제적으로 여유가 있어도 아이를 낳을 때까지 집을 사주지 않고 전세로 살도록 한다고도 한다. 어느 한 남편은 '당신이 맞소'를 가훈으로 하고 지키니 평화롭다고 고백했다.

A : I am afraid a couple next door, Mijin and Jasik, may soon get divorced. They fought with each other last night.

B : Don't worry. 'Lovers' quarrels are soon to be mended.'

피는 못 속인다.

Blood will tell / It runs in the family / It's in the blood / It's all in the family.

(Characteristics and talents are inherited and surface in the whole family.)

형제자매가 모두 음악가인 가족이 있다. 아버지는 첼리스트이고 어머니는 피아니스트이다. 세 자녀가 피아노, 바이올린, 첼로를 각각 전공하여 피아노 삼중주를 연주하는 모습이 보기 좋다. 미술, 사업, 문학 등의 분야에서도 부모와 자식이 닮기는 마찬가지다. 부모 중 하나 또는 모두의 인자를 가지고 있어서 그 분야에 있어 타고난 재주를 가졌을 가능성이 많고 다른 한편으로는 집안에서 보고 자란 것이 부모의 그런 모습이기 때문일 가능성도 또한 배제할 수 없다.

A : The trio consists of two sisters and one brother. They make a good harmony.

B : 'Blood will tell' / 'It runs in the family' / 'It's in the blood' / 'It's all in the family.' Their parents are famous musicians.

부전자전 / 모전여전 / 붕어빵이다.

An apple doesn't fall far from the tree / Like father, like son / Like mother, like daughter.

(Children tend to be like their parents.)

사람의 성격과 외모, 그리고 능력은 부모로부터의 유전적 영향인가 아니면 환경적 영향인가? 수많은 학자들이 그동안 이 질문에 답하기 위하여 많은 연구를 해왔지만 단정적으로 이것이라는 결과는 나오지 않았다. 두 가지 모두 영향을 준다는 것에는 이의가 없지만 정확히 비율로 증명하기는 불가능하다는 것이다. 같은 부모의 자식인데도 외모와 성격에서 크고 작은 차이를 보여주는 주는 것은 환경을 중요시하게 하지만 전혀 다른 환경에서 양육을 했는데도 비슷한 면이 많은 것은 유전적 요인을 중요시하게 한다. 그렇기는 해도 거의 대부분의 경우 부모 모두 또는 어느 한쪽을 닮는다. 과학에서 DNA를 중요시하는 이유이기도 하다.

A : I didn't know Ben would be that good at drawing. Even though he never learned it except in his arts classes, he won the third prize in the National Art Competition.

B : Really? But it's no surprise, because his father teaches graphic design in a college. 'An apple doesn't fall far from the tree' / 'Like father, like son' / 'Like mother, like daughter.'

피는 물보다 진하다 / 팔은 안으로 굽는다.

Blood is thicker than water.

(Those from the same family, school or town have stronger ties with each other than they have with others.)

P씨는 경영학을 전공하고 은행에 지원했다. 서류전형과 필기시험에서 합격하고 두 명이 경쟁하는 최종 면접에 포함되어 최선을 다했지만 탈락하여 실망이 매우 컸다. 나중에 알게 된 사실은 함께 면접에 참여했던 또 다른 지원자의 아버지가 동일계열 금융계 회장이었다는 것이다. 서양에서보다 동양에서 학연, 지연이 더 중요시 되어왔다. 서양의 개인주의(individualism), 동양의 집단주의(collectivism)로 비교하기도 한다. 처음 만난 사람도 학교동창, 또는 같은 지역출신이라는 것을 알게 되면 오랫동안 알았던 것처럼 가까워진다. 그리고 인사문제에서 그것들이 결정적 역할을 하기도 한다. 아무리 개인적인 능력이 뛰어나더라도 학연, 지연과 같은 인맥이 없이는 선발되지 못하는 경우가 많다.

A : I don't know why I was not chosen. I was one of the three finalists of whom I thought I was best qualified.

B : I hear that there was the only son of a high-ranking government official. 'Blood is thicker than water.'

고슴도치도 제 새끼는 예쁘다고 한다.
The owl thinks her own young fairest.
(Every living creature thinks her own children are the best.)

모처럼 날씨도 화창하고 봄볕이 따스하여 서울대공원에 산책을 갔다. 내려오면서 여러 동물들을 구경하다가 원숭이들이 모여 있는 우리에서 잠시 눈을 멈추었다. 어미 원숭이가 새끼 원숭이를 무릎에 앉히고 털을 쓰다듬기도 하고 무언가를 잡기도 하며 다정하게 눈빛을 교환하고 있었다. 그렇게 사랑스러울 수 없다는 모습이었다. 마치 엄마가 잠이 든 아가를 세상에서 가장 예쁘다는 표정으로 행복하게 바라보듯이. 동물이나 인간 모두 자식 둔 부모들은 자기 자식이 세상에서 가장 멋지다고 생각하는 것 같다.

A : Honey, I went to Susan's school today to discuss her school work with the homeroom teacher. I saw all her classmates and I think that our daughter is the prettiest of all.

B : 'The owl thinks her own young fairest.'

품안에 자식이다.

A son is a son till he gets him a wife.

(A son is not a son any more after he gets married.)

K양은 결혼한 지 2년 만에 이혼했다. 이혼 사유는 시어머니 때문이라고 하였다. 같은 아파트 단지에 전셋집을 장만해주고 시도 때도 없이 드나들며 냉장고, 장롱 등을 뒤지면서 잔소리하는 것을 견디기 힘들다고 했었다. 오라 가라 하는가 하면 애써 준비한 요리를 맛없다고 혹평하는 것도 참기 힘들다고 했었다. 젊어서 남편을 잃고 혼자되어 아들 하나 키우면서 자식에 집착한 시어머니라 어려움이 있으리라 각오를 했었는데도 막상 닥치고 보니 고통은 한계를 넘는 수준이었다고 했다. 결국 자식, 특히 아들이 결혼을 하면 일정한 거리를 유지해야 한다는 시어머니의 역할변화를 시어머니가 모르고 있었고 이를 며느리가 견디지 못해서 생긴 비극이었다.

A : I miss my son very much after he married his wife. I used to see him at least once a week, but I hardly do these days.

B : Remember, 'A son is a son till he gets him a wife.'

이웃사촌.

A good neighbor is better than a brother far off.

(One may have a better relationship with a good neighbor than a brother living far away.)

이른 겨울이 되면 이웃이 함께 김장 날짜를 정하여 서로 겹치지 않도록 돌아가면서 도와주는 식으로 해주었을 정도로 사이가 좋았던 옛 우리 조상들과는 다르지만 K부인은 도시의 아파트에 거주하면서도 이웃집 가족들과 친하게 지낸다. 같은 학교에 다니는 중등학교 아이들의 교육문제 등을 이야기하게 되면서 대화가 통할만큼 성격이 비슷하다는 것을 알게 되었고 나중에는 남편들끼리도 잘 어울릴 수 있게 되었다. 휴가철에는 함께 며칠씩 여행을 다녀오기도 한다. 이렇게 지내다보니 집안 친척들보다 훨씬 가깝게 되었다.

A : I remember you had a big family. Are you pretty close to all of them?

B: I would say, no. Some live in different cities. Frankly speaking, I have neighbors very close. 'A good neighbor is better than a brother far off.'

두 문화속에 숨겨진
같은 의미의 속담이야기

사랑

02

사랑은 눈을 멀게 한다 / 눈에 껍질이 씌웠다.

Love is blind.

(We see nothing wrong in the person with whom we are in love.)

바보온달과 평강공주라는 전래동화에서 고구려왕의 딸인 평강이 가난하고 못생긴 온달과 결혼하겠다고 고집을 부려 혼인을 한다. 물론 공주의 도움을 받아 궁극적으로 훌륭한 무사가 되어 행복하게 산다는 이야기로 끝이 나는데 공주의 혜안 또는 온달의 위장으로 보아야 한다고 하지만 어쨌든 신분을 뛰어넘어 왕족과 평민이 행복한 가정을 이루게 된 것이다. 아리따운 한 나라의 공주 눈에 바보스런 온달이 세상에서 가장 잘생긴 신랑감으로 비추어졌을 것이라고 해석하면 너무 단순하다고 할는지도 모른다.

A : I don't understand how Mr. Park and Ms. Lee became intimate. Mr. Park is very gentle, but Ms. Lee is always mean in public.

B : Frankly speaking, I have had the same feeling. It seems that 'Love is blind.'

안보면 멀어진다.

Out of sight, out of mind / Long absent, soon forgotten.

(Being distant from those we are in love with helps us forget them gradually.)

박사 과정을 공부하기 위하여 부부가 몇 개의 외국대학에 신청서를 보냈다. 장학금이 없이는 불가능하여 함께 신청했는데 각기 다른 대학원에서 합격통지서를 받게 되었고 학위를 마칠 때까지 떨어져 살아야 하는 상황이었다. 한 사람이 학업을 포기하고 배우자를 따라가야 할지 아니면 서로 다른 대학원을 택해 함께 공부를 계속할지 고민을 하고 있을 때 그나마 재정능력이 있던 여자 아버지가 학비부담을 제안하였다. 서로 안보면 멀어진다고 하면서. 결국 두 사람은 함께 하기로 결정하였고 불가능할 것 같았던 장학금 혜택도 받게 되어 함께 박사과정을 무사히 마칠 수 있었다. 유학 떠나기 전 인사차 학부 때 지도교수를 찾아갔을 때 같이 공부할 생각은 아예 하지 말고 열심히 남편 뒷바라지 하라고 하셨다고 했는데 운이 참 좋은 부부였다.

A : My boyfriend leaves for Montreal next week to study business administration for his graduate work.

B : Why don't you join him? Be careful, 'Out of sight, out of mind' / 'Long absent, soon forgotten.'

멀리 있으면 그리움이 더해진다.

Absence makes the heart grow fonder.

(Being apart from the loved makes one miss them more as time goes.)

Internet신문에 어느 외로운 기러기 아빠의 자살 기사가 있었다. 두 아이를 외국에서 공부시키기 위해 부인까지 보내놓고 열심히 벌어 돈만 보내고 홀로 남아 회사생활을 해왔다는 것이다. 일 년에 한두 번 휴가를 내어 잠시 다녀오는 것이 가족과의 만남의 모두였다고 하였다. 성철 스님의 주례사 중에 아이를 낳으면 무조건 3년은 엄마가 곁에서 돌보고 그 후에는 부부는 함께 해야 한다는 내용이 있다. 모두가 무엇을 위해 사는지를 깊이 생각한다면 이러한 불행은 생기지 않을지 모른다. 사랑하는 사람들이 서로 안보면 멀어진다고도 하지만 반대로 오히려 더 애틋해질 수도 있다.

A : It's almost two years since you have lived apart from your wife and children. Are you very much used to living alone now?

B : No, it seems that 'Absence makes the heart grow fonder.'

이웃을 네 몸처럼 사랑하라.

Love your neighbor as yourself.

(Take good care of everybody as you do of yourself.)

어느 신혼부부가 결혼식 축의금 3천만원을 한 성당에서 어려운 외국인 이주 노동자를 돕는 라파엘이라는 의사 봉사단체에 몽땅 기부했다고 한다. 성경에 등장하는 천사로 '하느님의 치유'라는 뜻을 가진 라파엘은 신부 아버지의 세례명으로 무료진료로 봉사활동을 하다가 병으로 신부가 어렸을 때 세상을 떠났다고 한다. 그 돈은 원래 두 사람이 신혼집을 장만하는데 보태려 했다고도 하였다. 이처럼 이웃에 대한 사랑은 어려서부터 사랑을 실천하는 부모님이나 학교 선생님 곁에서 가장 확실하게 배우게 되는 것 같다. 가정교육과 학교교육의 중요성이 강조되는 이유이다.

A : My daughter never passes street beggars without giving them some money. She has also helped an old lonely lady as her sponsor for several years.

B : She seems to be the one who puts 'Love your neighbor as yourself' into practice. You should be proud of your daughter.

중이 제 머리 못 깎는다 / 의원이 제병 못 고친다.

A cobbler's child is always the worst shod / Physicians, heal thyself.

(The shoemaker's child always go barefoot.)

선진국 의사와 의과 대학생들도 시술 장면을 보고 배우기 위해 찾아온다는 대학병원의 어느 간암 전문 의사가 자신은 간암으로 아쉽게도 세상을 뜬 사건이 있었다. 이웃의 생명을 구하기 위해 자신을 돌볼 여유가 없었던 것이다. 하루 잠자는 시간을 빼고 거의 수술대에서 매달려 사느라 라면으로 끼니를 때울 때가 많았다고 한다. 옷을 가장 잘 입을 것 같은 디자이너, 가장 건강할 것 같은 의사, 가장 음식을 잘 갖추어 먹을 것 같은 요리사를 그려보지만 사실은 자신의 전공영역에서 자신에게는 가장 인색하기 쉬울 수 있다. 남을 돌보다 보면 자신과 가족을 위해 투자할 시간과 에너지를 모두 소진하여 나타나는 현상일 것이다. 큰 술병에 소변을 가득 담아와 검사해달라는 어느 사나이에게 의사가 정색을 했지만 기왕 가져왔으니 해보겠다고 했는데 다행히 이상이 없다는 결과를 통보했고 사나이는 재빨리 가족에게 전화를 걸어 모두 건강하니 안심하라고 했다는 우스개소리에서 사나이는 의사가 아니었다.

A : It's very sad to know that Dr. Kent, a famous doctor for stomach cancer, passed away of liver cancer last weekend. He is the one who performed an operation for our grandfather. He didn't even know he was suffering from it.

B : 'A cobbler's child is always the worst shod.' I would like to give him the advice, 'Physicians, heal thyself.'

제 살이 아프면 남의 살도 아픈 줄 알아라 / 남에게 대접 받고자 하면 너도 그렇게 하라.

Do unto others as you would have them do unto you.

(Treat others as you expect them to treat you.)

내 친구 E는 초등학교 2학년 어느 미술시간 이후 그림 그리기를 싫어하게 되었다고 한다. 열심히 그림을 그리고 있었고 교실 주위를 돌아다니던 담임 선생님이 다가와 이것도 그림이라고 그렸느냐는 혹평을 하였단다. 그 때부터 자신은 그림을 못 그린다고 단정을 내리게 되었고 미술 점수는 항상 좋지 않았다. 아프리카 어느 부족에서는 쓸모없게 된 나무는 잘라 버리지 않고 주민들이 모여 '넌 살 가치가 없어!' '우리는 널 사랑하지 않아!' '차라리 죽어버려!'를 계속하여 외치면 시들시들 말라 죽게 되므로 그런 방법을 쓴다고 고 장영희 교수가 자신의 수필집에서 소개하고 있다. 특히 어린 아이를 지도하는 교사는 아이에 대한 한마디 한마디가 어쩌면 그 아이의 장래를 결정할 수 있을 만큼 중요하다는 생각으로 언어구사에 특별히 유의해야 할 것이다.

A : Everybody talks about you saying that you're very thoughtful and that you always give them some advice.

B : Well, I don't think I deserve it. The only thing I always keep in mind is 'Do unto others as you would have them do unto you.'

눈에는 눈, 이에는 이.

An eye for an eye, a tooth for a tooth.

(Punishment should match a crime.)

자신의 딸을 성폭행한 짐승 같은 인간이 있었다. 대다수의 사람들은 피해자와 그 가족이 겪어야 했던 것과 똑같은 정도의 고통을 가해자에게도 주어야 한다고 주장하며 실제로 적정한 판결이 나는지를 확인함으로써 최소한의 위로를 받고 싶어 할 것이다. 모세가 만들었다는 율법으로 탈리오 법칙이라 하여 아직도 이슬람 국가 중에 이 원칙을 적용하는 나라들이 있다고 한다. 가해자의 재복수를 허용하지 않음으로써 복수가 복수로 이어지는 사회질서의 파괴를 막기 위하여 고대국가에서 적용한 법질서 체제이다. 그러나 맹자가 가르친 인의의 원칙이 최후의 승자라는 진리가 통한다면 사회가 이렇게 혼탁하지 않을 것이다. 자기 자식을 살해한 범인인데도 용서하고 오히려 자신의 양아들로 받아들인 어느 부부의 이야기도 있다.

A : A man was caught yesterday who was suspected of having kidnapped his boss' child. What do you think the boss should do?

B : If I were his boss, I would kidnap the man's child. 'An eye for an eye, a tooth for a tooth.'

두 문화속에 숨겨진
같은 의미의 속담이야기

친구

03

사람은 혼자 살 수 없다 / 사람은 사회적 동물이다.

No man is an island / A man is a social animal.

(A man cannot live by himself.)

경제적으로 여유가 있는 어느 사업가가 자신의 아파트 곁에 거동이 불편한 어머니를 간병인과 살게 하였다. 가끔 방문하는 딸 외에는 아무와도 대화를 나눌 수 없음을 알고 딸이 안타까움으로 마음아파 하는 글을 신문에 올린 적이 있다. 사람뿐 아니라 아마도 모든 생명체는 함께 어울려 살아가게 창조되었나 보다. 관계를 맺고 서로 소통하며 지내지 않으면 외로움 때문에 살아갈 수 없기 때문이다. 최근에는 친구와의 우정이 실제로 감기 바이러스에 대한 저항력을 높힌다는 연구도 있다. 나이 들어 가장 중요한 몇 가지 안에 건강, 돈, 그리고 친구가 들어 있는 것은 당연하다. 죄를 지어 옥살이를 하는 죄수에게도 감옥의 규정을 어겨 죄 값을 치루어야 할 때 가장 혹독한 벌이 독방에 격리되어 갇히는 것이라고 한다. 낙동강 오리알 신세는 한없이 처량할 뿐이다.

A : My family have just moved to this southern part of the country for my father's new work assignment. I, however, have nobody, no friends yet. I feel very lonely.

B : Why don't you make an effort to make friends? 'No man is an island' / 'A man is a social animal.'

초록은 동색 / 가재는 게편 / 유유상종 /
까마귀도 내 땅 까마귀가 반갑다.

Like attracts like / Birds of a feather flock together.

(People (things) who (that) have something in common tend to be drawn to one another.)

호준이는 영어 시간이 재미있다. 영어 선생님이 매 수업시간 재미있는 활동을 많이 준비해오기 때문이다. 아직도 1학년 신학기 첫 영어시간의 일을 기억하고 있다. 모두가 처음 만나 서먹 서먹한 가운데 지루한 시간을 보내고 있었다. 그런데 영어 선생님께서 명찰크기의 몇 가지 제목이 써져있는 흰 종이를 나누어 주면서 좋아하는 색깔, 취미, 감명 깊게 읽은 책, 장래희망 등을 써 넣고 각자의 가슴에 붙이게 하였다. 그리고 나서 자유롭게 다니면서 관심이 가는 친구가 있으면 대화를 나누어 보라고 하였다. 선생님 덕분에 쉽게 친구를 사귈 수 있게 되었다. 그 이후에도 자주 흥미 있는 수업활동을 하였고 친구들과도 더 가깝게 될 수 있었다.

A : There are 30 students in my class. It is very interesting that they make groups of three to five depending on the elementary schools they graduated from, their parents' jobs and so on.

B : I think it is natural. 'Like attracts like' / 'Birds of a feather flock together.'

친구를 보면 사람을 안다.

A man is known (judged) by the company he keeps.

(We can judge a person by friends s/he meets.)

A양은 주말에 남자친구의 가장 친한 두 친구와 만나기로 약속하였다. 지난 3개월 동안 교제하면서 제법 가까워진 사이다. 여러 가지로 상대를 확인하고 싶었고 가깝게 만나는 친구들을 보면 확신을 가지는데 도움이 될 것 같았기 때문에 제의했었다. 옛날에는 결혼이 당사자들의 의사에 상관없이 집안의 어른들, 특히 아버지의 친구 자녀들 간에 성사되었었다. 만나서 교제를 하는 기간이 전혀 없었기 때문에 결혼예식이 이루어지는 자리에서 처음으로 상대의 모습을 확인하는 경우가 많았고 외모에 실망하여 혼자서 울었다는 이야기도 흔히 들었다. 사람을 알 수 있는 방법 중에 가까이 사귀는 친구들과의 자리를 마련하여 대화의 시간을 가져보는 것이 매우 의미 있고 현명한 것 같다. 아무하고나 친구가 될 수 없기 때문이다.

A : I finally made up my mind to get married to Sunghee. I wasn't sure until I met her best friend last weekend whom she has known for more than ten years.

B : Good for you! 'A man is known (judged) by the company he keeps.' If I were you, I would do the same.

어려울 때 친구가 정말 친구다 / 죽마고우.

A friend in need is a friend indeed.

(A real friend is the one in spite of hardship.)

60대 초반의 C부장은 술자리에서 종종 '불알친구'라며 서너명의 친구 이름을 들먹이면서 추억의 이야기 보따리를 풀어놓곤 했다. 한국전쟁으로 모두가 힘들었던 시대에 산골 마을에서 함께 지내며 냇가에서 미역을 감기도 하고 개구리를 잡아 구어먹기도 하며 친하게 지냈다고 한다. 근처 초등학교에서 우정을 키웠고 그 후에는 뿔뿔이 헤어져 생활했지만 사회인이 된 후 동창회에서 만나게 되었고 직장에서 만난 사람들과 다르게 언제나 한결같은 마음으로 서로에게 정신적인 힘이 되어왔단다. 사심없이 어려울 때 도움을 주기도 해왔는데 최근에는 일찍 치매가 찾아온 한 친구를 주말에 집에까지 가서 데리고 산책이나 산행을 하고 다시 집에 데려다주곤 한단다. 다산 정약용이 강진에서 힘든 유배생활을 할 때 윤서유처럼 자신의 안위를 상관하지 않고 도와준 어릴적 친구가 있어 견뎌낼 수 있었다는 기록도 있다.

A : Do you have many friends?

B : Well, I thought I had many, but I don't. Only a couple of them stayed beside me when I was in trouble. I realized that 'A friend in need is a friend indeed.'

개도 주인을 물지 않는다.

Don't bite the hand that feeds you.

(Don't hurt the person who takes care of you.)

K씨는 매일 저녁 혼자 산책을 한다. 걸으면서 의아했던 일 중 하나는 나이 지긋한 아주머니들이 애완견을 데리고 함께 산책하며 '엄마한테 와' 라고 외치는 것이었다. 어느 교수가 수필집에서 한 때 사람이 개도 낳나보다 오해했었다는 글이 생각났다. 이처럼 애완견을 자식처럼 키우는 사람들이 점점 많아진다. 자식 없이 외롭게 사는 사람들이거나 가까운 친구에게 배반을 당하고 사람을 멀리 하게 된 사람들이 많다. 특히 후자의 경우 개는 어떤 상황에서도 주인을 절대 배반하지 않는다고 믿기 때문이다. 세상에서 믿을 수 있는 세 가지는 조강지처, 현금, 그리고 개라는 말도 있다. 그가 망한 것을 알고 친구들의 반은 떨어져 나갔다. 나머지 반은 아직 망한 것을 모르고 있다는 우스개소리도 있다.

A : I am very upset, since my nephew with his girl friend pretended not to see me this afternoon. Even though I am just his aunt, I have cared for him as if he were my real son. He should be reminded of, 'Don't bite the hand that feeds you.'

B : Maybe he didn't see you, while being engaged in talking to her.

친구(와 구두)는 오래될수록 편하다.

Make new friends, and keep the old; one is silver, and the other is gold.

(The longer we have been friends, the more comfortable we are.)

삼성 기업을 세계적인 브랜드로 키운 이건희 회장은 '마누라와 자식을 빼고는 모두 바꾸라'는 경영철학을 가지고 회사를 운영한다고 공개한 적이 있다. 여기서 바꾸라는 것은 직원들을 우선적으로 의미하는 것이 아니고 변화하는 시대의 요구에 맞게 바뀌어야하는 경영방법을 말한다. 그것에 맞게 고용인을 바꾸어야 할지도 모른다. 그러나 부부는 오래 살수록 역할이 바뀌면서 편안하게 되기 때문에 바꾸지 말라는 의미였을 것이다. 이스라엘인들이 즐겨읽는 경전 탈무드에서 부부는 젊어서는 애인, 그 다음에는 비서, 그리고 늙어서는 간호사 관계로 자연스럽게 변해가야 한다고 가르친다. 친구와의 관계 역시 함께 한 세월과 비례하여 편안해진다.

A : Namki seems to have no friends. The problem with him is that for some reason he leaves his friends soon after making them.

B : Poor selfish boy! He should know that making new friends is important, but keeping the old is much more so. My advice to him is 'Make new friends, and keep the old; one is silver, and the other is gold.'

친구 따라 강남 간다.

One sheep follows another.

(When someone does something, another does the same.)

양로원의 한 병실에 네 분의 할머니가 계셨다. 한 할머니가 종일 알아들을 수 없는 소리로 떠들어 곁의 할머니 가족이 자기 할머니를 다른 병실로 옮겨 달라고 요청하였다. 논의를 거쳐 어렵게 병실을 바꾸었는데 함께 있던 다른 세 할머니들이 덩달아 방을 바꾸어 달라고 하여 어쩔 수 없이 다시 원래대로 옮겨야 했다는 어려움을 털어놓았다. 그제서야 맨 처음 옮겨간 할머니 가족이 왜 병실이동이 힘든 문제인지를 이해하게 되었다. 원래의 구성원들이 작은 사회를 구성하고 있었는데 한 사람의 이탈로 인하여 모든 사람들이 따라서 이탈하여 조직이 깨지게 되고 혼란이 발생했던 것이다.

A : I thought I had to supervise students for two hours while their taking the exam.

B : You're right. But as you saw, one student left the classroom after an hour or so followed by others. You know, 'One sheep follows another.'

동변상련.

Misery makes strange bedfellows / Misery loves company.

(Misfortune may make us befriend people whom we would otherwise not.)

어느 은퇴 교장 선생님이 계셨다. 막상 은퇴를 하고 나니 생각보다 훨씬 정신적으로 힘들었다. 처음에 노인정을 기웃거렸을 때 거기에 있는 사람들은 자신과는 다르다고 생각했다. 서로 욕하고 심지어 치고 받기까지 했다. 그래서 가지 않기로 마음먹었다. 그런데 일주일, 한 달, 이렇게 시간이 가면서 특별히 할 일도 없고 만날 친구도 별로 없게 되었다. 하는 수없이 다시 노인정에 가보기로 하였다. 처음 실망했던 때와는 달리 나이, 성격, 배경 등에서 여러 종류의 노인들이 모여 생활하는 집단이었고 나름대로 새로운 친구를 만나 시간을 보낼 수 있겠다는 생각이 들었다. 그래서 매일 노인정에 출근하고 있다.

A : Jien used to be a very good student, but she changed completely after she lost her father last year. I saw her drink heavily with those expelled from school in a bar.

B : You know what? 'Misery makes strange bedfellows' / 'Misery loves company.'

친구끼리는 거래를 하지 마라.

Lend money, lose a friend.

(Never lend your money to a friend.)

민구는 어느 날 선생님께서 가져오라던 야유회 비를 깜빡 잊고 가져가지 않았다. 하는 수없이 같은 반 친구에게 곧 돌려주겠다고 약속하고 빌려서 냈다. 가장 친한 친구였는데 민구는 그 친구가 점점 자기에게서 멀어지는 것을 느꼈다. 그런데도 이유를 몰라 안타까워했다. 혼자 고민을 하다가 말로 하기는 힘들어 편지를 썼다. 자기는 정말 친하게 지내고 싶은데 왜 달라졌는지를 물었다. 답장을 받고서야 빌렸던 돈을 기억하고 갚을 수 있었다. 친구에게는 절대 돈을 빌리지도 빌려주지도 말라던 어머니의 말이 생각났다. 혹시 상황이 여의치 않아 돈을 빌려주게 된다면 그냥 주어야 한다고도 일러주셨던 기억이다. 액수가 크지 않을 때 받을 사람은 틀림없이 기억하는 데도 빌린 사람은 각별히 신경쓰지 않고 있으면 잊어버리기 쉽기 때문이다.

A : Freddy, could you lend me 5,000 won? I will pay it back tomorrow.

B : All right, but you don't have to return it. My father has taught me, 'Lend money, lose a friend.'

정에서 노여움 난다.

Familiarity breeds contempt / Good fences make good neighbors.

(It's usually better to keep some distance between close friends or neighbors.)

P와 M은 외국 유학생 부인들로 외국에서 외롭게 생활하면서 알게 되었다. 남편들이 대학원 공부를 하고 있고 두 아이들 나이도 비슷하여 서로 정보도 교환하고 가깝게 지내게 되었다. 시간이 가면서 더욱 친해져 함께 쇼핑도 하고 거의 모든 일을 같이 하는 시간이 늘어났다. 자연스럽게 상대방의 집안에 대해서도 자세히 알게 되었고 서로 조심하지 않고 함부로 말을 하게까지 되었다. 너희 남편은 왜 그러냐, 너희 아이는 문제가 있는 것 아니냐 등 상대의 자존심을 상하게 하는 경우도 심심치 않게 생기게 되면서 결국 심하게 부딪치고는 완전히 절교하게 되었다. 이웃사촌으로 지낼 수 있었지만 가깝다고 생각한 나머지 넘어서는 안 될 선까지 넘게 되었던 것이다.

A : Jungmin and I do not see each other any more after the Europe package tour this summer. I was very much disappointed with her as she was my roommate.

B : I am sorry to hear that. You two have been seeing each other for almost five years. Sometimes 'Familiarity breeds contempt' / 'Good fences make good neighbors.'

믿는 도끼에 발등 찍힌다.

A known ax fell on one's own foot.

(One is sometimes betrayed by his/her long-time friends.)

현직 판사로 있다가 변호사가 되어 큰 로펌회사에서 일한 경험이 많은 고교 동창을 높은 연봉을 주기로 약속하고 회사 고문으로 영입하였다. 기대했던 대로 많은 인맥과 사건을 다루었던 경험을 토대로 회사의 해결사 역할을 몇 년 해주어 연봉도 올려주고 나름대로 대접을 해주려고 노력하였다. 그런데 갑자기 엄청난 연봉을 요구하였고 이를 거절하자 회사의 비리를 폭로하겠다며 협박을 하였다. 알고 보니 그동안 도박으로 큰 재산을 날리고 빚을 감당할 수 없을 정도로 궁지에 몰려 있었던 것이다. 하지만 액수가 워낙 커 회사로서도 어찌하는 수가 없었고 이러한 사실이 언론에까지 보도되어 곤욕을 치루어야만 했다.

A : My parents were waiting for me last night when I came home late from work. They wanted to know if I were gay, saying that they had heard about it from a close friend of mine. As a matter of fact, it was a secret between him and me.

B : It's the case of 'A known ax fell on one's own foot.'

두 문화속에 숨겨진
같은 의미의 속담이야기

협조

(인간관계)

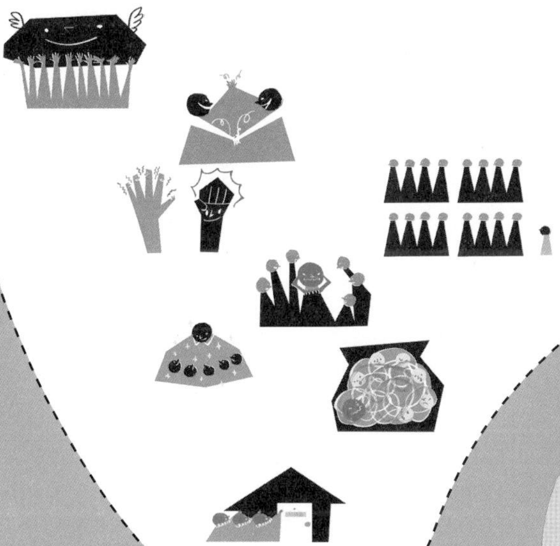

04

백지장도 맞들면 낫다.

Many hands make light work.

(Working together will solve a problem a lot better than working alone.)

이사를 일주일 앞두고 주부 L씨는 주 중에 불필요한 물건들을 정리하여 쓰레기장으로 옮기는 일을 혼자서 하기로 하였다. 짐을 끌어내고 엘리베이터를 탄 다음 쓰레기장까지 가져가는 일이 간단치가 않았다. 식구가 함께 움직였더라면 쉽게 끝냈을 일을 며칠 동안 해야 했고 결국 허리까지 다쳐 물리치료 받으러 다니느라 또 고생하였다. 이삿짐센터에서 알아서 이사와 관련하여 모든 일을 처리해준다 하지만 이 역시 도움의 손이 많으면 빨리 처리할 수 있다. 여러 날 심지어 몇 달 걸려 할 일을 단 하루에 끝낼 수도 있다. 그러나 요즈음처럼 개인주의가 팽배해 있는 핵가족 시대에 누구의 도움을 받기란 그리 쉬운 일이 아니다.

A : I am moving to the office next door tomorrow. Since I don't have many things, I am going to do it by myself.

B : Let me help you. 'Many hands make light work.'

뭉치면 살고 헤어지면 죽는다.

United we stand, divided we fall / In unity there is strength.

(We should stick together to survive.)

칠레에서 발생한 33인의 광부 매몰 사건이 모두 건강한 모습으로 구조된 행복한 결말로 마침내 66일 만에 끝났다. 현대 과학이 총 동원되어 해결한 감동이기는 해도 그들의 화합이 없었다면 힘들었을 것이다. 매몰되어 죽음의 문턱까지 갔었지만 끝까지 분열되지 않고 단결하여 침착하게 행동한 것이 마침내 기적을 만들어낸 것이다. 이처럼 조직에서 구성원들의 단합이 가장 중요하다. 맹자도 적에게 포위당하여 위기에 직면했을 때 가장 중요한 요소로 인화를 언급했다. 그는 "천시불여지리, 지리불여인화(天時不如地利 地利不如人和)"라 하여 '천시가 지리만 못하고 지리는 인화만 못하다' 하면서 병사들의 화합과 단결을 강조했다.

A : The general election is just a month away. Anything can happen in our party by the election day.

B : I agree. **'United we stand, divided we fall' / 'In unity there is strength!'**

손뼉도 마주쳐야 소리가 난다.

It takes two to tango / It takes two wings to fly.

(There are many things that need cooperation between the two involved.)

환상의 짝궁이라는 예능 프로그램이 있었다. 인기 연예인과 어린 아이가 한 쌍이 되어 퀴즈를 풀고 장기를 보여주면서 몇 쌍이 서로 경쟁을 하여 승자를 가리는데 중요한 것은 함께 짝을 이룬 어린이와 성인이 얼마나 잘 호흡을 맞추는가이다. 따라서 혼자서 아무리 잘하려고 해도 짝의 도움이 없이는 불가능하다. 사업에서 성공을 위하여 협력이 얼마나 중요한지도 불란서 자연주의 화장품 회사에서 찾아볼 수 있다. 상품의 원료 및 디자인 아이디어 부분에서는 보송의 감성, 상품의 판매 및 경영 부분에서는 가이거의 이성이 결합하여 1994년 3개의 매장에서 출발하여 2011년에는 100개국 1500개의 매장을 운영하는 세계적 기업으로 나아가게 되었다고 한다. 상호보완적 리더십으로 성공할 수 있었던 것이다.

A : Our design dept had a picnic yesterday. There was a quiz time after lunch. The emcee gave easy questions like 2 plus 2. I couldn't think of any other answers except simple adding. But others' witty ones made everybody laugh.

B : As you said, nobody would expect simple correct answers in that situation. 'It takes two to tango' / 'It takes two wings to fly.'

윗물이 맑아야 아랫물이 맑다.

A fish stinks from the head.

(Many problems in an organization may be traced back to the boss.)

남아프리카 공화국 최초의 흑인 대통령 넬슨 만델라는 젊어서는 흑인을 식민지화하여 지배한 백인에 대항하여 투쟁했고 나중에는 대통령까지 되었지만 연임을 거부할 정도로 욕심이 없었다. 그렇게 사심없이 오로지 국민들을 위해 일을 했기 때문에 모두가 그를 다시 대통령으로 추대했음에도 불구하고 이를 마다하고 권좌에서 물러났던 것이다. 그래서 2011년 7월 그의 93번째 생일날 전국 1200만명의 학생들이 동시에 그를 위해 생일 축하곡을 불렀을 정도로 모든 국민으로부터 존경받는 훌륭한 지도자이다. 30년 이상 장기집권하면서 독재를 하다가 온갖 부패로 대다수의 국민을 힘들게 하고 마침내 불행한 최후를 맞은 중동의 지도자들과는 대조가 된다. 그런 위대한 사람을 지도자로 하는 나라에서는 모두가 떳떳하고자 노력하게 될 것이다.

A : Though much better now, many public sectors are still filled with corruptions such as bribery.

B : We would not expect a clean society in the country where leaders are not honest. 'A fish stinks from the head.'

사공이 많으면 배가 산으로 간다.

Too many cooks spoil the broth / All chiefs and no Indians.

(If too many people work on the same thing, they won't do it well.)

이웃집에는 삼대가 같이 산다. 할머니, 부부 그리고 두 아이들이다. 부인은 시어머니와 남편이 집안 살림에 깊게 관여하여 힘들다는 불평을 항상 한다. 남편은 냉장고를 수시로 열어보며 오래되어 상하기 직전인데 살림을 왜 그렇게 하는지 모르겠다고 나무라는 식이고 시어머니는 남은 음식을 여기 저기 옮겨 놓기 바쁘단다. 그러면서 제발 내버려두었으면 좋겠다고 한다. 살림은 시어머니와 남편에게 맡기고 차라리 자신은 다시 공부를 하여 직장을 가지고 싶다고도 한다. 그런 의미에서 우리의 선조들은 현명했던 것 같다. 곳간 열쇠를 가진 여자 어른이 집안살림을 총 책임지고 있다가 적절한 시기에 대물림을 하는 식으로 가정의 평화를 유지할 수 있었다고 한다.

A : Wow, it's difficult to find a solution to this problem. Our team members have worked on it for several hours now.

B : I can understand what you are saying. It seems to be extremely difficult for them to reach an agreement without your company's policy change. Everybody talks loud without conceding. 'Too many cooks spoil the broth' / 'All chiefs and no Indians.'

주인이 없는 곳에 객이 날뛴다 / 범 없는 굴에 토끼가 왕.

When the cat's away, the mice will play.

(When there's no one in charge, subordinates will try to take advantage of it.)

작은 사립대학을 세운 설립자가 갑자기 세상을 떠난 후 아들이 자리를 승계하게 되었다. 직원에서 시작하여 교수가 되었으며 주요보직을 거쳐 총장에까지 이른 학교를 운영할만한 자질을 충분히 갖춘 사람이었다. 그가 재단 이사장으로 있는 동안 학교는 많이 성장하였다. 그렇게 수십년이 지나갔고 어느 날 그가 또 세상을 떠났다. 그러나 이번에는 새로운 지도 체제가 세워지기까지 상당 기간 동안 그의 자식들 간 쟁탈전이 벌어지면서 혼돈의 시기를 겪어야했다. 국가도 강력한 지도력을 갖춘 지도자가 나오기까지는 많은 어려움을 견뎌야 한다. 예를 들어 춘추전국시대의 개막인 BC 770년에 200여개의 제후국들이 서로 다투면서 BC 221년 막강해진 진나라가 중국 전역을 통일하기까지에 이르는 수백 년의 기간 동안 중국은 혼란의 시기를 겪어야 했다.

A : Mom, I didn't realize how important dad and you are in this house. While you two were out of town for business, the three of us fought all day long even for small things like TV channels.

B : That's exactly what I thought would happen. 'When the cat's away, the mice will play.'

미꾸라지 한 마리가 온 웅덩이를 진흙으로 만든다 / 실뱀이 온바다를 흐린다 / 어물전 망신은 꼴뚜기가 시킨다.

One rotten apple spoils the barrel (broth) / One rotten apple injures its neighbor.

(One bad man's behavior may destroy the whole group.)

평온하던 시골마을에 한 떠돌이 청년이 나타났다. 처음에는 성실하고 온순하게 행동하여 어른들의 신임을 받게 되었다. 그런 데 얼마 후 마을의 한 여자 아이가 누군가에 의해 성추행을 당한 사건이 일어났다. 유사한 성추행 사건이 그 후 다시 한번 생겼고 경찰조사에서 그 낯선 청년이 범인으로 판명되었다. 결국 그 청년 때문에 마을 전체가 엄청난 고통에 휘말리게 되었고 그 과정에서 어린 딸을 둔 가정들이 다른 지역으로 이사를 가는 등 그때까지 평온하던 한 마을이 쑥대밭이 되고 말았다. 구성원 한 사람 한 사람이 모두 중요함을 보여주는 일예이다. 인간은 어차피 혼자가 아니고 서로의 관계로 존재하기 때문이다. 논어에서도 "기소불욕 물시어인(己所不欲 勿施於人)"이라고 하여 '내가 원치 않는 바를 남에게 행하지 말라'고 했는데 관계를 중요시 하고 있음이다.

A : Did I tell you about a man in my office who continuously speaks ill of others? Our dept was known to be the most harmonious in the company, but now it is not.

B : I am sorry to hear that. 'One rotten apple spoils the barrel (broth)' / 'One rotten apple injures its neighbor.'

개밥에 도토리.

A square peg in a round hole.

(Someone who is not in harmony with others.)

어느 날 영진이가 찾아왔다. 학급 친구들이 자기와 상대해주지 않아 외롭다고 했다. 한마디로 '왕따'였던 것이다. 그러고 보니 가끔 교실을 지나다보면 영진이는 다른 친구들과 어울리지 않고 혼자 무언가를 하곤 했다는 생각이 들었다. 외아들로 자라면서 어려서부터 엄마의 보호에서 벗어난 적이 없다고 하였다. 결국 어려서부터 친구들과 어울려 부딪치면서 사회성을 충분히 키우지 못했기 때문에 이런 심각한 상황에 이른 것이므로 스스로 많은 노력을 해보라고 지도하였다. 형제도 없이 부모의 과보호 속에서 생활하는 아이들이 늘어나면서 이런 문제로 고민하는 가정이 의외로 많은 것 같다.

A : How was your high school reunion last Sunday?

B : I was like 'A square peg in a round hole.' Everybody except me seemed to have had regular meetings for quite a long time. I just listened to them most of the time.

두 문화속에 숨겨진
같은 의미의 속담이야기

노력

05

뿌린만큼 거둔다.

As you sow, so shall you reap / You shall reap what you sow.

(You get exactly what you put in.)

멀쩡하게 회사원으로 생활하던 K씨는 우연히 사두었던 로또가 당첨되어 수십억 원을 벌게 되었다. 평생 일을 안하고도 먹고 살 수 있을만한 액수였기 때문에 우선 당장 회사를 그만두었다. 외제 자동차도 장만하고 여행 등 그동안 간절히 원했지만 돈이 없어 할 수 없었던 것들을 하면서 편안하게 살려고 마음먹었다. 그러나 갑자기 가까운 친척인데 도와 달라, 복지 기관인데 후원해 달라는 등 여기 저기서 손을 벌리는 사람들이 나타났고 어쩔 수 없이 지출해야만 했다. 돈을 더 불려주겠다는 사기꾼에게도 거액을 빼앗겼다. 결국 얼마가지 않아 돈이 거의 바닥나게 되어 폐인이 되었다. 쉽게 벌었기 때문에 쉽게 사라지는 것은 당연한 결과라고 보아야 하겠다. 도박 또는 복권당첨으로 일확천금을 가지게 되는 사람들 중 90% 이상이 불행의 늪으로 빠진다는 조사도 있다.

A : I have been working on this project for about a year, but still struggling to see results.

B : Keep on working. 'As you sow, so shall you reap' / 'You shall reap what you sow.'

하늘은 스스로 돕는 자를 돕는다.

God (Heaven) helps those who help themselves.

(One must make efforts oneself to get help from others.)

오늘도 전철을 타고 가는데 40대 아주머니의 예수를 믿으라고 소리치는 소음공해와 마주쳤다. 무조건 교회에 나와 기도하면 천당에 갈 것이고 그렇지 않으면 지옥에 간다고 금방이라도 울것같은 그러면서 쉬어 잘 나오지도 않는 목소리로 외쳐대는 모양이 마치 면죄부를 팔았던 중세 기독교 역사의 치욕적인 사건을 연상케 하였다. 잘못된 선교활동이다. 결국 자신의 가정을 포함하여 모든 것을 포기하고 미신적으로 신앙에만 매달리면 구원을 받게 된다는 잘못된 믿음을 전파하고 있는 것이다. 불교의 포교문제와 관련하여 한 유명한 스님이 열심히 수행하며 사는 스님들이 있으면 포교가 저절로 되는 것이지 요란스럽게 불교 믿어라, 우리 절에 와라 할 필요가 없다고 꼬집었다. 자신의 순수한 노력이 배제된 신앙은 결코 아무런 의미를 가지지 못할 것이다.

A : Do you have a religion?

B : Yes, I do. I believe in God. I always depend on him whenever I am in trouble. However, I do not just pray, because I know 'God (Heaven) helps those who help themselves.' I myself work hard in order to get something out of it.

천재는 1%의 영감과 99%의 노력으로 만들어진다.

Genius is one percent inspiration and ninety-nine percent perspiration.

(Genius is not born, but made by hard working.)

세기의 발명왕 토마스 에디슨은 미국의 오하이오 주에서 태어나 보통 아이들처럼 일곱 살에 학교에 입학했다. 수업시간에 엉뚱한 질문을 많이 하여 결국 저능아라는 딱지를 받고 퇴학당했다고 한다. 그 후 집에서 어머니로부터 home schooling으로 교육을 받았는데 1869년 투표 기록기를 시작으로 석열전등 (1879), 전기철도 (1881), 뇌관축음기 (1887), 활동사진 (1891)등을 계속해서 발명하였다. 이를 지켜본 사람들이 당신은 천재적 영감을 가지고 있다고 칭찬을 했지만 그는 자신을 천재라고 하면 천재는 99%의 땀으로 만들어 진다고 했다고 한다.

A : I know I'll never make it in this animation world. Nobody has succeeded in my family.

B : Don't say that. 'Genius is one percent inspiration and ninety-nine percent perspiration'.

고진감래.

No pains, no gains.

(You will be rewarded for the efforts you make.)

2010 아시안 게임 역도부문에서 장미란의 금메달 확정이 발표되는 순간 장미란은 울음을 터뜨리고 아버지는 관객들에게 큰절을 했다. 중국인들이 감동했다는 기사도 있었다. 그동안 세계 대회에서 여러 번 일등을 해서 많은 상을 받았지만 아시안 게임에서는 처음이라고 했다. 무거운 역기를 들다보니 무리가 되어 오랫동안 허리통증으로 고생해야 했고 기록에 문제가 있을 것으로 걱정했다는 것에서 감동이 전해졌다. 심한 신체적인 고통에도 불구하고 훈련과 체력단련을 게을리 하지 않은 것이 영광을 가져다 준 것 같다며 흐뭇해했다. 인간의 한계를 극복한다는 올림픽 영웅들은 하나같이 뼈를 깎는 아픔을 견디고 최고의 위치에 도달했을 것이다.

A : I am so glad to hear that Mr. Park finally received a Ph.D. in Anthropology. He left for England 20 years ago, went through many difficulties including a cut in scholarships, car accidents, birth of twins, and so on.

B : 'No pains, no gains.' I am sure he will be able to do what he wants after returning to his home country.

거지도 부지런하면 더운밥 얻어먹는다.

The early bird catches the worm.

(Early to bed and early to rise make a man healthy, wealthy, and wise.)

민우군은 대학생이 된 후 올빼미 족이 되었다. 고등학교까지는 이른 아침 등교시간에 맞춰 가야했기 때문에 대체로 부지런히 준비하는 습관이 몸에 배어 있었다. 그러나 이른 시간 수강과목을 피할 수 있어서 밤늦게 잠자리에 들고 아침에는 늦게 일어나는 생활습관으로 바뀐 것이다. 어쩌다가 필수과목이 첫 교시인 9시 수업인 경우 지각을 습관적으로 하게 되었다. 성적관리가 제대로 될 리 없었다. 이제는 재테크 근무라고 하여 직장에 출근하지 않고 집에서 computer만 가지고 일을 하는 직장인들이 늘어난다고는 하지만 동서양을 막론하고 일단 부지런한 사람을 따라잡을 수 있을지 의문이다.

A : I am sorry for being late for class again.

B : It's 9:30. Remember, 'The early bird catches the worm.'

서당 개 삼년이면 풍월한다.

Practice makes perfect.

(Only repeated practice will make you succeed.)

세살 난 제동이는 갓난 아기 때부터 붓글씨를 쓰는 할아버지를 보며 자랐다. 옹알거리고 걸음마를 시작했을 때 이미 할아버지 곁에서 붓과 한지를 가지고 쓰는 시늉을 했고 얼마나 연습을 열심히 했는지 이제는 할아버지 글씨를 흉내 내기까지 한다. 할아버지처럼 훌륭한 서예가가 될지도 모르겠다. 연습 없이 되는 일은 없다. 예를 들어 유명한 운동선수나 연주자가 되기 위해서는 타고난 재능 외에 인내와 끈기를 가지고 같은 동작을 수없이 반복하는 노력을 해야 하는데 거의 자동적으로 몸동작이 되지 않으면 절대로 어느 경지에 이를 수 없다. 악기의 경우 하루 동안 연습을 안 하면 본인이 느끼고 이틀을 안 하면 가족이 느끼고 사흘을 안 하면 이웃이 느낀다는 말도 있다.

A : I started learning to swim one year ago, but I am still very slow in the pool. I guess that's because I swim only once a week for an hour or so.

B : 'Practice makes perfect.' Please keep on doing it a few more times every week.

누워 떡먹기 / 땅짚고 헤엄치기 / 부엌에서 숟가락 줍기.

A piece of cake / as easy as pie

(It is so easy that we don't have to make any special efforts.)

암산에 천재인 어린 아이가 방송에서 소개된 적이 있다. 계산기로 더하기, 빼기, 곱하기, 나누기를 하는 것과 속도, 정확성에서 시합을 시켰는데 놀랍게도 아이의 암산이 이겼다. 기계가 인간을 능가할 수 없다는 것을 보여주는 순간이었다. 아무리 큰 숫자를 불러주어도 곧바로 정확한 답을 주었다. 놀랍게도 머릿속에서 주판알을 굴리고 있었던 것이다. 초등학생들의 이러한 능력은 세계 최우수 대학인 하버드대학교 수학과 수재들과의 경쟁에서도 나타났다. 타고난 수학적 재능과 엄청난 노력이 만들어낸 결과로 숫자계산은 일도 아니게 쉬운 일상이 된 것이다.

A : We had a physical test the other day. Many friends had trouble in doing chin-ups, but I did as many as 50. It's just 'A piece of cake' / 'As easy as pie.' to me. Since I have practiced it for many years, I could do more, but our coach stopped me.

B : I only did five. To me it is extremely hard.

두 문화속에 숨겨진
같은 의미의 속담이야기

끈기

06

가랑비에 옷 젖는다 / 낙숫물이 댓돌을 뚫는다 /
소리 없는 벌레가 벽을 뚫는다.

Many a little makes a miracle.

(Repeated little is no more little.)

아이가 신기한 듯 개미들의 쉴새 없는 움직임을 바라본다. 모두가 자신에게는 과해보이는 무언가를 물고 간다. 일개미들이 열심히 일을 하는 모습이다. 개미의 세계가 철저한 분업이 되어 있어 일사분란하게 각자의 역할을 한다는 것은 잘 알려져 있다. 여왕개미, 일개미 등 각각 번식, 생계담당을 철저히 수행하는 것인데 일개미들의 질서 있는 부지런함은 인간의 세계와 비교하면 세계 최고의 높이에 해당하는 초고층의 성을 쌓아올리기도 한다고 한다. 길바닥에 깔려있는 작은 돌맹이와도 비교가 안 되는 조그마한 벌레들이 어떻게 그러한 어마 어마한 큰 일을 할 수 있는지 놀라울 뿐이다.

A : Mom, I don't want to save money to buy a house someday, since houses these days are too expensive for an office worker to buy. Instead, I would like to spend money for a nice car and leisure activities

B : Don't you know 'Many a little makes a miracle'? Please keep on saving it.

열 번 찍어 안 넘어가는 나무 없다.

Little strokes fell oaks.

(Trying again and again will eventually make something work.)

이제 젊은이들은 각자 의사표현이 분명할 뿐더러 상대방의 의견을 중요시하기 때문에 남녀가 어떤 방식으로 만나게 되었건 한쪽에서 마음에 없다고 하면 다른 한쪽도 대체로 깨끗이 포기한다. 그러나 예전에는 유교의 영향으로 여성들이 대체로 소극적이어서 이성에 대한 태도를 명확하게 밝히려고 하지 않았다. 그래서 주로 남자편에서 마음이 있으면 밀어붙이는 식으로 결혼까지 가는 경우가 많았었다. 혹은 초반에 마음에 없을지라도 상대가 계속해서 좋다는 마음을 열정적으로 전하면 여성의 마음이 움직여지는 경우도 많았다. 우연히 길을 가다가 마주쳤는데 또는 등교하는 길에 버스에서 자주 만나게 되었는데 바로 꿈에 그리던 그녀라서 끈질기게 따라다녀 마침내 설득이 되었다는 낭만적 남녀 간 사랑 이야기를 더 이상 듣기 어렵게 되었다.

A : This is probably the fifth time I asked her to have drink together. She has never accepted my invitation. I might have to give her up.

B : I know what you mean, but please don't. 'Little strokes fell oaks.'

지성이면 감천이다.

Slow and steady wins the race.

(Work continuously toward a goal.)

P씨는 몇 년 전 주식을 하다가 큰 손해를 보았다. 투자했던 돈을 거의 모두 잃어버렸는데 이 사람 말, 저 사람 말을 믿고 이거 샀다 팔고 저거 샀다 팔았다가 낭패를 본 것이다. 미래의 유망 산업을 유심히 관찰하여 장기 투자를 했거나 정기예금에 들었었더라면 좋았을 것을 하며 후회를 해보았지만 이미 당하고 난 뒤라 소용이 없었다. '생활 속의 발견'이라는 상식적인 투자방법으로 주식투자의 대가가 된 피터 린치는 주식투자에서는 대박을 꿈꾸지 말고 꾸준히 수익률을 얻으려고 하면서 손실을 감당할 수 있는 범위내에서 투자해야 한다고 조언한다. 따라서 귀가 얇으면 손해를 보게 되어있다는 것이다. 마찬가지로 모든 일에서 나름대로 확고한 신념을 가지고 참을성 있게 밀고 나가다보면 나중에 결실을 보게 될 것이다.

A : I have a little money on a fixed deposit, but I am thinking about withdrawing it to buy stocks. Everybody talks about them these days. It seems I am the only one left behind.

B : My advice is that you stay where you are until you save as much as you planned. 'Slow and steady wins the race.'

첫술에 배부르랴 / 로마는 하루아침에 이루어지지 않았다.

Rome was not built in a day.

(It takes a lot of time and efforts to accomplish something.)

'생활의 달인'이라는 텔레비전 프로그램이 있었다. 칼로 야채를 고르게 잘 써는 사람, 마늘을 빨리 까는 사람, 병아리 암수를 정확하게 빨리 가려내는 사람, 수타국수를 가장 빨리 그리고 맛있게 만들어내는 사람, 드럼통을 가장 빨리 옮기는 사람 등이다. 그들 모두 거기에까지 이르는데 엄청난 시간과 노력이 투자되었을 것이라는 데에는 의심이 없다. 시경에도 절차탁마(切磋琢磨)라는 말이 있다. 고대 중국에서 옥을 만드는 과정을 적은 것으로 자르고 썰고 쪼고 간다는 의미이다. 목표를 향하여 한 단계, 한 단계 차근 차근 진행할 때 최고의 결과를 기대할 수 있을것이다.

A : Do you think I should enter the speech contest again? I'm afraid that I won't win.

B : Definitely you should. I am sure you'll make it next time. 'Rome was not built in a day.'

천리길도 한걸음부터.

Great oaks grow from little acorns.

(Successes develop from the very basic step.)

한국 최초로 올림픽 figure skating부문에서 금메달을 획득한 김연아의 성공은 수많은 힘든 과정을 거쳐 이룬 것이라고 한다. 연습장 사용이 여의치 않아 새벽에 주로 연습해야 했던 것, 허리부상으로 거의 포기할 뻔 했다가 재기 한 것, 딸의 성공을 위해 가족이 항상 떨어져 살아야 했던 고통 등 인데 이처럼 훌륭한 운동선수, 과학자, 경영인, 예술가, 정치가들은 하나같이 처음부터 그렇게 태어난 것이 아니다. 모두가 공통적으로 수많은 고통을 이기면서 단계를 밟아 거기에 이른 것이다. 물리학의 거장 아이작 뉴턴은 만유인력을 발견하였고 물리학의 3대 운동법칙을 수립하는 등 위대한 학문적 업적을 이루었다. 그런 그에게 무엇이 그를 그렇게 만들었느냐는 질문에 오로지 그것만을 생각하며 나아갔다는 답을 했다고 한다.

A : Mom, I can't stand it anymore. I have been practicing this small piece since last week. How long do you think I have to do it before I advance to the next one.

B : Honey, take it easy. It's been just a few days, Remember, 'Great oaks grow from little acorns.'

삼세번.

The third time is the charm.

(It takes three times to get something done right.)

사범대학을 졸업하고 교사자격증을 받고도 중등교사 임용시험에 합격하여 교사로 임용되기가 점점 힘들어져 하늘의 별따기라는 말이 낯설지 않다. 특히 그 해의 졸업예정자들의 합격률이 저조하여 재학생들의 사기를 떨어뜨리기도 한다. 그나마 가장 합격을 많이 하는 부류는 재수생과 삼수생인데 실패의 경험과 시험에 매진할 수 있는 시간적 여유가 이유인 것 같다. 그러나 그 다음 사수생으로 내려가면 다시 합격생이 거의 없다. 삼수까지 되지 못하면 이미 능력에 있어서 모자란 경우가 대부분이고 그 이상 도전하는 끈기에도 한계가 있어 많이 포기하기 때문이다. 사실 2011년 7월 우리나라의 평창이 대다수 IOC위원들의 지지를 얻어 2018년 동계올림픽 개최지로 선정된 것도 세번째 도전만에 이룬 값진 결과이다.

A : I am completely worn out. I have spent two years to take this test. I am seriously considering to change my career.

B : I know how you feel, since if I were you, I would also do the same. However, please try one more time. 'The third time is the charm.' You'll definitely get what you have in your mind.

인내는 쓰고 열매는 달다 / 참는 자에 복이 있다.

Patience is bitter, but its fruit is sweet / Sweet after bitter / All good things come to those who wait.

(The more patient we are, the better result we have.)

M부장은 취업에 좋은 조건인 우수한 학교 성적, 건강, 화술을 다 가지고 있었다. 그래서 졸업과 동시에 대학성적, 필기시험, 면접성적으로 결정되는 입사시험에 합격하였다. 자신감에 넘쳐 직장 일을 시작했지만 기대치와 다른 업무, 봉급에 다소 불만이 생기게 되어 두 달만에 사직서를 썼다. 금방 잡힐 것 같던 두 번째 직장은 생각 같지 않았고 겨우 잡았지만 첫 번째 직장보다 훨씬 조건이 안 좋았다. 그렇지만 이번에는 다시 그만둘 수가 없어 참고 몇 년을 있었던 덕분에 적응이 되었고 궁극적으로 직장에서 원하는 중요한 인물로 성장해갈 수 있었다. 과정이 힘들수록 결과에 대한 만족도는 일반적으로 높아진다.

A : Do you think I still need to wait longer looking for a job that I really want? I would like to take this second choice, since I am very tired of sending resumes.

B : Yes, I do. You'd better keep trying. 'Patience is bitter, but its fruit is sweet' / 'Sweet after bitter' / 'All good things come to those who wait.'

길고 짧은 것은 재봐야 안다 /유종의 미.

He laughs best who laughs last / All is well that ends well.

(The person who succeeds last is the real winner.)

우사인 볼트는 몇해 동안 세계 육상 100m와 200m 달리기 경기에서 기록을 깨며 1위를 지켜온 자마이카 선수이다. 달리기를 잘할 뿐더러 열심히 달리기에만 몰두하기도 힘든 상황일텐데 관중석을 둘러본다던지, 동료 선수들을 돌아보기도 하는 등 여유를 보여 재미있는 볼거리까지 제공해주곤 했다. 자기만의 독특한 우승 세리머니 또한 관중을 사로잡았다. 2011년 여름 대구 세계 육상 대회에서 가장 인기를 끌기에 충분했었던 이유이다. 그런데 그런 모습의 볼트를 현장에서 직접 보겠다고 경기장을 가득 메운 관중들과 TV에서라도 생중계를 보려고 지켜보던 시청자들의 기대가 한 순간에 무너지는 돌발 상황이 발생했다. 긴장해서였는지 부정출발로 달려보지도 못하고 탈락한 것이다. 그러나 볼트는 다음날 200m 달리기에 출전하여 1등을 하였고 이어서 400m 계주 달리기에서 마지막 100m 주자로 뛰어 세계 신기록까지 냄으로써 멋진 마무리를 할 수 있었다.

A : It was disappointing that Elton didn't pass the bar exam.

B : I am not disappointed yet, because I am sure he will sooner or later. 'He laughs best who laughs last' / 'All is well that ends well.'

김치국부터 마시지 마라.

Don't count your chickens before they are hatched.

(Do not declare anything until you see the result.)

서울시장 선거가 있었다. 현 시장이 당선될 가능성이 매우 높아보였다. 그동안 많은 혁신적인 업적을 남겼고 만나본 시민들의 반응도 매우 좋은 편이었다. 자신만만했다. 그러나 막상 뚜껑을 열어보니 예상과 달리 상대후보가 만만치 않았다. 엎치락 뒤치락하는 상황이 여러 번 반복되다가 최종적으로 승리는 상대후보에게 돌아가게 되었다. 시민들을 만만하게 보고 진정한 그들의 마음을 헤아리지 못한 것이 패배의 원인이었다. 예정된 결과는 없다고 생각하고 처음부터 다시 시작하는 자세로 끝까지 최선을 다하지 않았던 것이다.

A : I had a job interview a couple of days ago. I am very excited, since the interviewers seemed to be very much interested in my previous experience as a graphic designer.

B : 'Don't count your chickens before they are hatched.' You shouldn't tell anybody in your office about it now.

중도에 포기하면 안 하니만 못하다.

Don't start anything you can't finish.

(Don't give up.)

사고로 팔이 없는 청년이 4시간여 만에 42km를 달리는 마라톤에서 끝까지 달려 인간승리라고 방송에 보도되어 가슴을 뭉클하게 한 적이 있다. 마라톤 인구가 늘어나고 있다. 일반 사람들에게 마라톤은 시합이 아니라 자신과의 싸움이라고 여겨지기 때문이다. 그래서 그들은 큰 마라톤대회에 참가하지만 처음부터 순위경쟁이 목적이 아니라 끝까지 달리는 완주를 목표로 4시간이던 6시간이던 계속 달리기도 한다. 맹자의 어머니는 멀리서 공부하던 어린 맹자가 어느 날 갑자기 집에 오자 짜고 있던 베틀에 앉은 채 그동안 글을 얼마나 배웠느냐고 물었고 맹자는 별로 배우지 못했다고 답했다. 그래서 '네가 공부를 중도에 그만두고 돌아온 것은 지금 내가 짜고 있던 이 베의 날실을 끊어 버린것과 다를 게 없다' (단기지교<斷機之敎>)며 타일러 보냈다고 한다.

A : Mr. Lee, I don't want to continue working on this project. The harder I work, the more problems I am faced with.

B : Don't you remember my advice at the beginning? I said, 'Don't start anything you can't finish.' There seem to be no other ways than keeping on with it.

두 문화속에 숨겨진
같은 의미의 속담이야기

적극성

07

생존경쟁.

It's survival of the fittest.

(Only those who are strong will survive.)

K군은 이번 학기 대학 졸업이지만 졸업을 1년 미루기로 하였다. 취업이 안 되고 있기 때문이다. 의학의 발달로 노년 인구는 점차 증가하고 있고 청년 실업도 따라서 증가하고 점점 살아가기가 힘들다고 야단이다. '이십대 태반이 백수'의 약자가 '이태백'이라 하여 유행어가 되었다. 결국 대학을 졸업하고도 직장을 구하지 못해 부모님의 재정적 도움을 받으면서 살아가야하는 세태를 반영하고 있다. 이러다 보니 신분을 유지하기위한 수단으로 졸업을 연장하거나 대학원에 진학하는 경우도 흔하다. 안정된 직업을 가지는 것이 하늘의 별따기보다 힘들어 공무원이나 교사 시험 경쟁률이 하늘을 찌를듯이 높다고들 한다. 그동안 우후죽순처럼 생겨난 대학들 때문에 대학 졸업자가 80%를 넘는 학력 인플레를 감당할 수 없는 한계에 달한 것이다.

A : Today's job market is very competitive. It is said that the unemployment rate is the highest since the IMF era.

B : I read it from the newspaper too. 'It's survival of the fittest.'

호랑이 굴에 들어가야 호랑이 새끼를 잡는다.

Nothing ventured, nothing gained / Nothing venture, nothing have / Nought venture, nought have.

(You will not succeed without at least trying.)

한 때 유명했던 연예인 R씨는 무명의 자신을 어떻게 대중에 알릴 수 있을까를 고민하다가 어느 겨울 공영 방송국 근처에 방을 세들어 살며 방송국 주위의 눈을 쓸기로 하였다고 한다. 다행스럽게도 그해 겨울 유난히 눈이 많이 내렸고 그때마다 열심히 눈을 쓸었더니 마침내 그 모습이 윗사람의 눈에 띄게까지 되었단다. 누구인지를 묻게 되었고 사정을 듣고는 한 연예 프로그램에 출연을 허락하여 자신의 재능을 알릴 수 있었다고 한다. 이처럼 자신의 분야에서 성공한 사람들의 성공담을 자서전이나 방송매체를 통해 들어보면 하나같이 현재에 안주하지 않고 위험을 무릅쓰고 새로운 도전을 끊임없이 했음을 알 수 있다.

A : I am going to register for 'Staying in Shape' program next Monday.

B : I am glad to hear that. 'Nothing ventured, nothing gained' / 'Nothing venture, nothing have' / 'Nought venture, nought have.'

우는 아이 젖 준다.

The squeaking wheel gets the grease.

(Ask for what you want and then you'll get more than that.)

한 Rock group에서 guitarist로 조용히 활동하던 연예인이 있었다. '위대한 탄생'이라는 가수발굴 program에서 심사위원을 맡아 출연자들의 평가를 하고 멘토역할을 하면서 따뜻한 인간애를 보여주어 시청자들을 감동시켰다. 자신이 어린시절 학교에서 선생님과 친구들로부터 소외되어 얼마나 마음고생을 했었는지 고백하였고 그래서 외로운 아이들에게 용기를 주고 싶다고 하였다. 외모적으로 촌스럽고 자신없어 보이지만 무언가 가능성을 보이는 참가자들을 자신의 제자로 삼아 끼를 찾아주는 그의 능력은 감동적이었다. 그런 그가 아니었더라면 그의 제자 대부분은 아마도 초반에 모두 탈락하여 세상을 원망하며 살아갔을지 모른다. 어려운 가정환경에서 자라면서 자신감을 잃어버리고 손해를 당연시 여기며 살아온 그가 이제는 적극적인 태도로 도전하면 길이 보인다는 가르침을 주고 있었다.

A : Please give me some advice. I would like to take a summer computer course. I definitely think it will help me find a job, but since it is money-related, I am not comfortable mentioning about it to my parents.

B : You should. 'The squeaking wheel gets the grease.' It will also be good for them eventually.

뜻이 있는 곳에 길이 있다.

Where there is a will, there is a way.

(Setting clear goals is the first step toward moving forward.)

L병원 원장은 두 살 위인 형이 어느 날 희귀병에 걸려 다니던 학교마저 중퇴하고 병원을 전전하며 온 가족을 힘들게 하는 것을 보며 자랐다. 언젠가 훌륭한 의사가 되어 형처럼 고생하는 환자들을 치료해주겠다는 목표를 세우고 열심히 노력하였고 마침내 의사의 꿈을 이루었다. 이처럼 흔히 자신의 목표설정의 계기를 물어보면 단순한 순간의 경험에서부터 자신이나 가족의 문제, 교사의 모델 등 여러 가지 이야기가 나온다. 자신이 일상생활에서 불편함을 겪었다든지, 가족 중 누가 큰 병을 앓다가 세상을 떠났다든지, 선생님의 특별한 모습이 존경스러웠다든지 등이 예가 될 수 있겠다. 결국 누가 더 확고한 목표를 가지고 매진할 수 있었는가가 성공의 열쇠가 되기 때문이다.

A : I really want to be a singer, but there are so many people who are better than me and the competition is tough.

B : If that's what you really want, then go ahead with it, since 'Where there is a will, there is a way.'

마음이 있어야 꿈을 꾸지.

A faint heart never won a fair lady.

(Don't be timid in wooing a woman.)

C씨는 지금의 아내와 결혼하기 전에 많은 난관을 거쳤다. 특히 장모가 반대를 심하게 했기 때문이다. 대학 1학년 때 처음 만나 정을 쌓았는데 편모슬하에서 자란데다가 간신히 독학하여 대학을 마친 집안과는 사돈을 맺을 수 없다는 것이 이유였다. 사실 오르지 못할 나무 같았다. 그러나 좌절하지 않고 어떻게든 결혼을 성사시키겠다는 의지를 가지고 안정된 직장을 구했고 끈질기게 여자 쪽 부모님을 설득한 결과 마침내 승낙을 얻을 수 있었다. 요즈음은 세상에 둘도 없는 사위라고 자랑하고 다닌단다. 스스로 부족하다고 체념하고 주저 앉았더라면 그렇게 끝났을 것이다. 역사드라마에서 본 연개소문과 김춘추 장군의 딸 사이의 관계는 happy ending이었다.

A : I couldn't sleep for several days. I think I am in love with Jinnie. The problem is that we are very different in family background. She is from a rich family, but I am not. I might have to forget about her.

B : Please have more confidence in yourself. Above all remember, 'A faint heart never won a fair lady.'

목마른 놈이 우물판다.

It's the thirsty man who digs the well.

(Don't wait to be served, but do what you want directly.)

어떤 직장 상사가 있었다. 부하 직원들 중 누군가가 알아서 자신을 챙기고 떠받들어 주기를 바라다보니 늘 섭섭하고 기분이 좋지 않았다. 어느 날 사원 단합대회로 이삼일 지방에 내려가 함께 시간을 보내게 되었는데 아침 식사부터 자유 시간 활동 등 모두 누군가 깍듯이 모시기를 기대하였고 결국 대부분의 자유 시간을 호텔방 텔레비전 앞에서 혼자 지내게 되었다. 노여움에 스트레스만 가득 받고 돌아온 셈이다. 좀 더 적극적으로 자신이 원하는 것을 찾아서 하고 필요하면 직접 도움을 청하는 방식으로 자기 자신을 바꾸지 못한다면 항상 외톨이로 지내는 수 밖에 없을 것이다.

A : I am very disappointed with my son. I have not eaten since Sunday, but he never asks me to have a medical checkup.

B : Be smart! You should request him directly. 'It's the thirsty man who digs the well.'

주사위는 던져졌다.

The die is cast.

(The decision has been taken and one is ready to act.)

여당의 어느 대통령 후보가 초기 예상과 달리 당선 가능성이 낮아지는듯 하자 갑자기 출마의사를 포기함으로써 이제까지 그를 지지하던 당원들을 허탈하게 만들었다. 결국 그 후보는 처음부터 심사숙고한 후 의사 결정을 하지 않았기 때문에 그와 같이 경솔한 행동을 했을 것이다. 사실 어떤 중대한 결정을 하기까지는 수많은 고민을 하면서 모든 가능한 사태발생의 시나리오를 만들어 대처방안을 생각하며 준비해야 하지만 일단 마음이 결정된 다음에는 앞만 보고 달려야 한다. 그 일을 시작할 때 이미 주사위는 던져진 것이다. 그리고 그 시점에서 이미 가장 큰 어려움을 극복한 셈이다.

A : To tell the truth, I have been thinking about this business for more than a year. I am now almost sure of making quite a profit. That is why I started it while our economy is still in bad shape.

B : Anyway, 'The die is cast.'

시작이 반이다.

Well begun is half done / A good beginning is half the battle.

(Getting started is the most difficult of any undertaking.)

A군은 고교 2년생이다. 아버지의 사업실패로 대학진학이 어렵게 되어 취업을 할 것인지 아니면 성적을 잘 유지하여 장학금으로 대학을 들어갈지를 고민해오면서 담임 교사를 포함하여 가족들과 상의를 하였다. 최종적으로 세계적인 유명한 과학자가 되려는 자신의 꿈을 실현하기 위하여 대학진학을 하기로 마음을 먹었다. 곧 바로 목표로 하는 대학에서 요구하는 몇 가지 장학금 수혜조건을 우선 숙지하고 구체적인 계획을 세웠다. 그렇게 하고나니 마음이 가벼워졌고 온몸에서 힘이 솟는 느낌이 었다.

A : I like English and thus would like to major in either English Literature or English Education. Can you give me some advice?

B : As far as I know, you love helping children learn school subjects. I definitely think you should select English education and become a good English teacher. Now, please get started, 'Well begun is half done' / 'A good beginning is half the battle.'

두 문화속에 숨겨진
같은 의미의 속담이야기

신중

08

돌다리도 두드려보고 건너라.

Better safe (sure) than sorry / Look before you leap.

(The more careful you are, the safer you will be.)

이미 친구가족과 여름 휴가를 함께 가기로 하고 비수기인 몇 개월 전에 숙소 예약을 마쳤다. 여유있게 도착하여 확인하니 예약자가 다른 사람 이름이었다. 차근 차근 확인해보니 자신이 전화로 예약했던 기록이 없었고 그때 그 일을 담당했던 사람은 이미 그 자리에 없었다. 미리 한번쯤 확인했었어야 하는데 후회해도 소용없고 비싼 돈을 지불하고 시설도 열악한 숙소를 잡아야 했다. 한편, 인터넷이 발달하여 직접 찾아가서 확인할 필요가 없는 것 같지만 실제와 홍보용 자료 간에는 차이가 많이 날 수 있다. 따라서 특히 단체 여행을 계획할 때는 여전히 미리 직접 답사를 해보고 정할 필요가 있다.

A : Let's leave now for the theater. We'd better arrive there 30 minutes earlier.

B : All right. When I checked the internet last night, only a few seats had been reserved. But I would like to check it one more time to see if there are still enough empty seats. It is 'Better safe (sure) than sorry.' 'Look before you leap!'

누울 자리보고 다리를 뻗어라.

Stretch your legs according to your coverlet.

(Think before you act.)

북한이 기고만장한 때가 있었다. 서해안에서 군함을 격파시키는가 하면 연평도에 포탄을 퍼부어 민간인까지 살해하는 등 대한민국 국민들을 전쟁의 공포에 떨게 했었다. 한편에서는 대응사격을 해서 응징을 했어야 한다고 분노하고 또 한편에서는 그래도 전면전은 피해야 했기 때문에 다른 선택이 없었다고 변명하기도 했다. 궁극적으로 그들은 우리가 이번에도 별 수 없이 당하기만 할 것이라는 결론을 나름대로 신중하게 생각해서 내리고 행동을 취했던 것이다. 이스라엘이 팔레스타인과 영토분쟁을 하면서 서로 무차별적으로 공격하는 모습은 마치 함께 죽어도 좋다는 신중하지 못한 행동 같지만 나름대로 계산을 하고 하는 것일 것이다. 항상 중재자가 있었다.

A : Mom, I would like to go to Europe to study vocal music.

B : There is no doubt that you have a talent in singing, but 'Stretch your legs according to your coverlet.' Business is now particularly bad with your daddy.

빈대 잡으려다 초가삼간 태울라.

Don't burn down the stable to catch a flea / Never (Don't) throw out the baby with the bath water.

(You may make the situation worse by taking an action, so be careful.)

지순이는 고등학생이다. 그런데 학교에 가기가 싫다. 대부분의 아이들은 수업시간마다 엎드려 자고 선생님은 열의가 없어 배우는 것이 없기 때문이다. 공부는 학원에서 별도로 하고 있다. 이런 상황은 시험성적에 의한 상급학교 선발과정이 사회적 차별을 심화시킨다는 우려 때문에 교육평준화 정책을 시행하게 되면서 생겨났다. 과학고, 국제고와 같은 특수학교를 제외하고는 학교마다의 정체성이 없어져 불안한 학부모들은 자녀들의 교육을 학원에 의존하고 궁극적으로 공교육 불신을 초래하였기 때문이다. 이처럼 어떤 정책을 새로 수립하거나 수정할 때 신중하게 하지 않으면 선량한 다수의 사람들에게 피해를 줄 수 있다. 피해정도가 지나쳐 엄청난 국가적 손실을 초래할 수도 있다.

A : The Seoul City plans to set up CCTV everywhere in Seoul in order to prevent any criminal behavior.

B : It makes sense, but it should be careful not to 'Burn down the stable to catch a flea' / 'Throw out the baby with the bath water.' It may hurt citizens' privacy.

소 잃고 외양간 고치기 / 버스 지나가고 손 흔들기.

Don't close (lock, shut) the barn (stable) door after the horse runs away (has fled, has been stolen).

(We need to take precautions before any damage occurs.)

우리나라 제 2의 도시 부산에서 고층 주상복합이 화재로 큰 피해를 입은 적이 있다. 원인은 건물의 외관을 아름답게 보이게 하기 위해 사용한 외장 자재가 위험한 발화물질로 만들어져 있었다는 것이다. 화재를 미리 예방했어야 하는데도 불구하고 오히려 화재를 부채질했다는 말인데 어이가 없다. 크고 작은 위험은 도처에 도사리고 있다. 그러나 미리 예견하고 대책을 세우지 못하고 보통 사고가 난 후에야 후회하기 일 수이다. 더욱 한심한 것은 인명과 재산상의 피해를 엄청나게 입는 사고가 발생해도 여전히 근본적인 방지책을 마련하지 않는데 있다. 국가적 재앙으로 기록된 구제역 사건이 한 예이다. 그런 의미에서 쓰레기 재활용, 대체에너지 개발과 같은 환경보호를 위한 여러 가지 국제적 공조활동들은 반드시 필요하다.

A : Did you have your regular health checkup this year? You said you have had diabetic symptoms. 'Don't close (lock, shut) the barn (stable) door after the horse runs away (has fled, has been stolen).'

B : I did. Thanks for your concern. All those symptoms are gone now thanks to the exercise and diet.

호미로 막을 것을 가래로 막는다.

A stitch in time saves nine.

(Some problems need to be solved in advance in order to save a lot of money and trouble later.)

B씨의 어머니는 80세다. 그런데 최근 갑자기 엉뚱한 말을 할 때가 많다. 길을 가다가 옛날 이웃집 사람을 만났는데 반가웠다고 하기도 하고 아무개가 점심을 사주어 잘 먹었다고 하기도 하고, 처음에는 사실로 알았는데 점점 이상한 생각이 들었다. 병원에 모시고 갔더니 치매 초기 증상인 것 같다며 검사를 하자고 하였다. 다행히 혈루성 치매로 판명되어 치료받으면서 좋아져 건강한 생활을 하고 계시다. 건강과 관련하여 정기적인 진단이 때로는 오진이 되거나 과잉진료로 이어져 피해를 볼 수도 있지만 대체로 정확한 조기진단은 많은 사람들로 하여금 적은 비용으로 건강하고 행복하게 살 수 있게 해준다.

A : I have had this stomachache for about a month. I tried various kinds of medicine, but nothing worked.

B : Please go and see the doctor immediately. 'A stitch in time saves nine.'

유비무환.

Forewarned is forearmed / An ounce of prevention is worth a pound of cure.

(Warning in advance helps us prevent something terrible from happening.)

종종 일기예보가 빗나가 피해가 많다. 2011년 일본의 해안도시에서 발생한 쓰나미같은 경우는 예보를 해도 뾰족한 대책이 없기는 하지만 우리나라에서 해마다 여름의 초반 또는 후반에 발생하는 홍수나 태풍은 미리 알고 대비만 해도 피해를 크게 줄일 수 있기 때문이다. 과학이 아무리 발달을 했어도 시시각각 변하고 지역에 따라 크고 작은 차이가 많이 나는 날씨를 정확히 판단하여 예보하기 힘든가보다. 한편 공항에서의 폭발물 테러도 미리 정보를 알아내어 대비할 수만 있다면 피해를 예방할 수 있는데 워낙 테러범들이 지능적으로 범행계획을 하여 가끔은 엄청난 사태를 초래하기도 한다. 어쨌던 과학의 발달로 여러 가지 크고 작은 사고를 사전에 예방할 수 있게 되어 다행이다.

A : My brother was very lucky to get out of his apartment complex when the fire broke out last Sunday.

B : I heard that there was a fire warning bell when it had started downstairs. 'Forewarned is forearmed' / 'An ounce of prevention is worth a pound of cure.'

급할수록 돌아가라.

Haste makes waste.

(Do not rush, or you may lose a lot.)

어느 노처녀가 있었다. 결혼 시기를 놓치고 고민을 하던 중 친구가 노총각을 소개하였고 결혼이 급하다고 생각한 나머지 한 두달 만에 결혼식을 올렸다. 결국 반년도 안 되어 시댁과의 갈등, 둘 사이의 성격차이 등 문제가 생겨 이혼을 하게 되었다. 시간이 걸리더라도 충분히 상대에 대해 알아볼 기회를 가지고 자신감을 얻었을 때 결혼을 결정했어야 했는데 너무 서둘러 생긴 불행한 결과라고 볼 수 있다. 서양인들의 눈에 한국인들은 일을 지나치게 '빨리 빨리' 서둘러 처리하는 것으로 알려져 있다. 대교건설과 같은 사람들의 생명이 달린 공사도 너무 빨리 진행하여 부실공사로 무너진 참사도 겪었다. 안타깝게도 이제는 중국이 도시철도 전복사고 등 대형사고들의 온상이 된 듯하다. 미국의 건축가 John Abrams는 집 한채를 지어도 몇대를 가게 영구적으로 만들어야 한다고 하였다.

A : Honey, let's take this one. It seems that the rent has gone up too much already.

B : I think we have to look around some more. 'Haste makes waste.'

하나만 알고 둘은 모른다.

One swallow does not make a summer.

(Don't judge anything too quickly.)

인주는 전교 학생회장이다. 지도력이 뛰어나고 학업성적도 우수하여 칭찬이 자자하다. 모든 학생들의 모범이 되기에 충분하기 때문이다. 어느 날 교장 선생님이 신입생 오리엔테이션 장소에 대해 의견을 물었고 인주는 개인적으로 서울에서 가까운 춘천이 어떨까 한다고 대답하였다. 그리고 나서 곧바로 춘천으로 결정하였다는 말을 듣게 되었는데 학생회 간부들이 비상총회를 열자고 하였다. 자기들의 의견이 반영되지 않았으므로 다시 결정해야한다는 것이었다. 결국 제주도로 장소를 바꾸어 진행하였다. 다수의 의견을 물어 민주적으로 결정하지 않은 교장 선생님이 충분히 신중하지 못 했다고 말할 수 있겠다.

A : The government is considering extending retirement age for civil servants in a few years from 58 to 62, because life expectancy is getting longer. They think it will be good for all seniors.

B : Some will definitely welcome it, but you need to be careful before adopting it as final. 'One swallow does not make a summer.'

본말을 전도하지 마라 / 주객전도.

Don't put the cart before the horse.

(Don't do anything in the wrong order.)

1970년대에 어느 부부가 함께 외국유학을 가게 되었다. 그 때만 해도 보통은 결혼을 했더라도 남편 혼자 유학을 가거나 부부가 같이 나가도 여자는 남편을 뒷바라지하는 역할이 기대되었었다. 따라서 부부가 정부에서 주관하는 유학시험에 합격하여 가는 것이 매우 드물었었다. 어쨌든 장학금까지 둘이서 받아 대학원 과정을 시작했는데 계획에 없던 아이가 생겼고 baby sitter에게 맡길 능력도 없어서 하는 수 없이 여자는 휴학을 하게 되었다. 그리고 결국은 남편만 공부를 끝까지 하여 박사학위를 받고 부인은 복학할 기회를 못 잡고 귀국해야만 했다. 아이보다 공부가 우선이라고 생각하던 이 부부에게는 끝내 아쉬운 일이었다.

A : I would like to buy an expensive golf set to begin my golf lesson from next month.

B : 'Don't put the cart before the horse.' You don't have to buy a new set from the beginning. Practice with a used one first and buy a new one later.

하룻강아지 범 무서운 줄 모른다.

Fools rush in where angels fear to tread.

(It is safer to know nothing than to know a little.)

경수는 운전면허를 받아 운전을 시작한지 2년째다. 소심하여 당황을 잘하는 성격이라서 조심하며 운전을 하는 편이었다. 술을 조금이라도 마시면 대리운전을 할 정도였다. 그러던 어느 날 웬만큼 경험도 쌓인 것 같고 운전에 자신이 생겨 어디라도 갈 수 있다는 생각이 들었다. 그래서 친구들과 함께 자신이 운전하는 차를 타고 피서를 다녀오기로 하였고 오는 길에 충돌사고를 일으켜 사람과 차를 크게 다치고 말았다. 결국 자만하여 방심한 사이에 사고가 났던 것이다. 경험이 아주 많아지면 능숙해서, 반대로 경험이 거의 없을 때는 신중하게 행동하여 문제가 없다. 그러나 이런 경우처럼 어중간할 때 사고위험이 높아진다. 그런데도 자동차 보험료는 초보운전일 때 가장 높다. 통계적으로는 그래야 하는가 보다.

A : It is said that car accidents are the most frequent and serious with drivers of 3 to 4 years.

B : I can understand it. They are neither fully prepared nor just beginners. 'Fools rush in where angels fear to tread.'

등잔 밑이 어둡다.

A beacon does not shine on its base.

(We are likely to miss something precious very near.)

R씨는 최근에 internet을 통해 우리나라의 관광지들을 찾아보고 있다. 유학시절 호스트 가족이었던 미국인 부부가 한국을 방문하고 싶다고 연락했기 때문이다. 가만히 생각해보니 서울 시내에 위치한 여러 고궁들, 박물관, 한강, 남산, 광화문 등 한곳도 자세히 살펴 볼 기회가 없었다. 한편 미국을 비롯하여 유럽, 중국, 일본의 중요한 곳들은 대충 돌아 보았다. 이는 비단 R만에 해당되지 않고 대부분의 서울 시민에게도 마찬가지일 것이다. 제주도, 경주의 여러 곳이 모두 UNESCO로부터 가치를 인정받아 세계 명승지로 등록되어 있는데도 불구하고. 우리는 흔히 가까운 데서 보석을 보지 못하고 먼 곳만을 찾아다니느라 애쓰는 경향이 있다. 언제든지 갈 수 있다는 생각이 여유아닌 여유를 주는가보다.

A : Did you find the light bulb for your toilet?

B : I finally did, after an almost two hour search in a couple of large dept stores. You know what? I found it in a ten-cent store just across the street from my house. 'A beacon does not shine on its base.'

서울 가서 김 서방 찾기 / 잔솔밭에 바늘 찾기.

To try to find a needle in a haystack.

(It will be almost impossible for you to find what you want.)

지하철 안에서 늦은 밤 술에 취한 한 여대생이 고개를 떨어뜨리고 있고 옆자리에 앉아있는 한 신사가 성추행을 하는 장면이 인터넷 화면에 올라왔다. 앞 좌석에 앉아있던 승객이 그러지 말라고 몇 번 충고했는데도 막무가내여서 할 수 없이 찍어서 올렸다고 한다. 문제가 되자 경찰이 CCTV 기록을 통해 그 남자를 추적하던 중 장본인이 압박감에 시달리다가 스스로 자수했다는 기사가 얼마 지나지 않아 나왔다. 예전 같으면 찾아내는 것이 거의 불가능했을 것이다. 예를 들어 어려서 해외에 입양되었다가 성인이 되어 잠시 귀국하여 생부모를 찾겠다고 방송까지 하지만 결국 실망만 하고 돌아가는 가엾은 경우가 종종 보도된다. 그 당시의 상황에 대해 과학으로는 증거로 할 만한 아무것도 없기 때문이다.

A : I have a friend who lost her parents and sister when she was very young. She said they were separated while outing in a park. She then was sent to an orphanage. She has been looking for her family for many years now.

B : I am sorry. It will be like 'Trying to find a needle in a haystack,' although she may find them eventually.

긁어 부스럼.

Let sleeping dogs lie.

(It would have been better not to bring up the subject.)

W씨 부부는 별거중이다. 사연인 즉 사소한 문제로 말다툼을 하다가 화가 난 부인이 남편에게 고교시절 학교생활에 문제가 생겨 강제유학에 이르게 되었었다는 말을 끄집어내고 다니는 회사 내에서도 문제 직원 낙인이 찍힌 게 아니냐는 식으로 화풀이 비슷하게 했다고 한다. 연애시절 우연히 전해들은 얘기로 평생 묻어두기로 했었는데 자신도 모르게 입 밖으로 터져 나왔다는 것인데 결국 수습이 안 되어 갈라서기로 했다는 것이다. 상대와의 관계 또는 상황에 따라 할 수 있는 말과 해서는 안 될 말이 있을 것이다. 결국 분별없이 일시적인 감정에 치우쳐 행동한 것이 이와 같은 끔찍한 결과를 가져오게 된 것인데 수습이 불가능한 상태에 이르고 말았다.

A : I feel very bad, since I stopped seeing a long-time friend of mine recently. I should have 'Let sleeping dogs lie.'

B : You mean that you mentioned about his previous love affair to his wife? You should have not.

죽 쑤어 식힐 동안이 급하다 / 하루가 삼초 같다.

A watched pot never boils.

(Don't wait for something to be done on the spot, but concentrate on something else.)

즐거운 가족여행을 앞두고 있다든지, 사랑하는 사람과의 약속시간을 기다린다든지, 또는 중요한 시험발표를 눈앞에 두고 있을 때, 기다림과 설레임 또는 두려움 때문에 하루 아니 일분 일초가 유난히 길게 느껴진다. 또는 전철로 출퇴근하는 시간에 누구와 이야기를 한다든지 재미있는 책을 열심히 읽는다든지 하면 어떻게 그렇게 빨리 목적지까지 왔나 할 정도로 지루하지 않지만 혼자 우두커니 앉아 정거장을 세면서 타게 되면 한없이 오랜 시간이 걸리는 것 같아 매우 지루하다. 어떤 하나만을 골똘히 생각하며 기다리지 않고 집중할 다른 일을 만들 때 오히려 눈앞의 일로부터 자유로와져 마음의 여유를 찾을 수 있는 것 같다.

A : I have been waiting for my visa to arrive by express mail today. I just open the door whenever I hear a sound. This is almost the 10th time.

B : Why don't you clean the house, so you don't have to think only of the visa. You know, 'A watched pot never boils.'

닥치는 대로 살아라 / 지레 걱정 말아라.

Let's cross that bridge when we come to it

(Don't be afraid of something in advance, but deal with each problem as it arises.)

신혼부부가 있었다. 형제들의 도움으로 간신히 단칸방을 세 얻어 살림을 시작했다. 수입은 정해져 있는데 매달 대출이자도 내야하고 아이도 낳아 키워야하고 장차 어떻게 절약하여 작은 아파트라도 마련할 수 있을지 아득하기만 했다. 주위에서는 모두들 그렇게 시작한다며 너무 심각하게 고민하지 말라고 하지만 거의 무에서 유를 창조해야하는 자기들로서는 이해가 되지 않았다. 더군다나 남편의 직장이 건실하지 못해서 회사가 언제 쓰러질지 모른다는 사실을 알고 나서는 더욱 막막하였다. 이런 상황에서 대책 없는 걱정은 오히려 해가 될 것 같아 대충 살다보면 좋은 길이 보일것이라고 자위하고 하루하루를 열심히 지내기로 하였다. 인간의 편리한 무기 중 하나는 대안을 찾아 적응하는 능력인것 같다.

A : We should reserve our wedding hall at least several months ahead. How about having an outdoor wedding, rather than an indoor one? But then what if it rains?

B : I prefer an outdoor ceremony too. As for the rain, 'Let's cross that bridge when we come to it.'

두 문화속에 숨겨진
같은 의미의 속담이야기

판단

09

일석이조 / 일거양득 / 꿩 먹고 알 먹고 / 한 번에 두 마리 토끼를 잡다 / 임도 보고 뽕도 딴다.

Killing two birds with one stone.

(Getting more than one originally intended.)

C과장 가족은 이번 휴가를 강릉대신 오크벨리 콘도로 가려고 한다. 골프장은 물론 풍경이 아름다운 여러 개의 산과 바다가 근처에 있고, 동시에 풍성한 먹거리까지 즐길 수 있는 위치에 있기 때문이다. 예를 들면 설악산과 동해안은 물론 오대산, 치악산, 횡성 한우마을, 온천이 모두 가까운 거리에 있어 날씨와 기분에 따라 그때 그때 선택해서 보고 즐길 수 있다고 한다. 이처럼 흔히 휴가지 결정을 할 때 여러 가지 조건이 관광객들에게 골고루 이로움을 줄 수 있을 때 최상이다. 관광지들이 어떻게 하면 찾아오는 손님들에게 여러 가지 혜택을 누리게 할 수 있을까를 고민하는 이유이기도 하다.

A : What are you doing this summer?

B : I am going to help multi-culture families by teaching them Korean. I think I can learn their language too. It will be 'Killing two birds with one stone.'

고양이에게 생선 가게 맡기지 마라.

Don't let the fox guard the henhouse.

(Don't place someone in a position to exploit it for his/her own purpose.)

S씨는 국방부 고위직에 근무하던 인물이었는데 거액의 돈을 받고 북한에 군사기밀을 누설한 간첩혐의로 체포되어 조사를 받고 있다. 이처럼 국가 공무원, 회사 간부, 금융기관 직원이 자신의 직책을 이용하여 국가 및 개인에 크고 작은 피해를 입힌 사고가 있어 왔다. 결국 인사에서 커다란 실수를 하여 발생한 인재인 셈이다. 은행의 창구직원이 고객이 맡긴 돈을 마치 자신의 개인 돈처럼 마음대로 주식에 투자했다가 주가가 폭락하는 바람에 날리는 사건도 자주 듣는다. 주가가 계속해서 오를 때 많이 발생한다. 잠시 빌렸다가 이익을 챙기고 다시 고객의 통장에 넣으면 된다고 판단하여 큰 죄의식 없이 하기 때문이다. 사람을 제대로 평가하여 적재적소에 배치시키는 것이 무엇보다 중요하지만 가장 힘든 일이다. 그래서 훌륭한 지도자는 사람을 잘 쓰는 사람이라고 해왔다. 세종대왕이 그 능력에서 뛰어났던 것으로 알려져 있다. 신하들을 다스릴 수 있었던 비결이다.

A : What news! A bank clerk was caught for misusing customers' savings personally.

B : Similar crimes are reported from time to time. We should remember, 'Don't let the fox guard the henhouse.'

돼지 목에 진주 목걸이 / 개발에 편자 / 짚신에 구슬감기 / 거적문에 돌쩌귀.

Don't cast (throw) your pearls before (to) swine.

(Don't give anything to those who do not appreciate its real value.)

어려서 살았던 시골집에는 옛날부터 사용해왔던 각종 항아리, 절구, 다듬이 돌, 쌀독, 서랍장들이 많았었다. 그러나 도시로 이사하면서 구식 물건들이라 하여 거의 모두 버려버렸다. 어느 날 가까이 지내는 외국친구 집에 초대받아 갔는데 그것들과 유사한 물건들이 구석 구석에 진열되어 진가를 발휘하고 있었다. 어디서 구했는가 물었더니 우연히 거리를 지나다가 헌 가구를 파는 아저씨들로부터 헐값에 구입했단다. 비슷하게 가끔은 헌 책방에서 큰 대형서점에서도 살 수 없는 값진 책을 만날 수 있다. 구약시대 부정한 동물로 치부되어 신에게 바치거나 식용으로 쓰이는 것도 금해졌던 돼지가 연상되는 순간들이다.

A : I am going to order a classical music album for my brother on his birthday.

B : 'Don't cast (throw) your pearls before (to) swine.' I know he is only interested in playing computer games.

쇠뿔도 단김에 빼라 / 기회는 여러번 오지 않는다.

Strike while the iron is hot / Make hay while the sun shines / Opportunity knocks only once.

(Act immediately when it is the time.)

우리가 국가대표 급 축구시합에서 지는 가장 큰 원인은 무엇보다도 스타 공격 선수가 없기 때문이라고들 한다. timing에 맞춰 절묘하게 골대에 골을 차 넣어 성공시키기는 정말 힘들다. 그래서 goal keeper와 수비진이라는 방패를 뚫고 공격의 길을 헤쳐 마침내 골로 공이 빨려 들어갈 때의 감동이 보는 경기로서의 축구에 대한 매력을 더해준다. 순간 미세한 차이가 승자를 결정하는 열쇠가 되는 것이다. 따라서 아무리 경기 내용이 좋아도 공이 골문을 통과하지 못하면 의미가 없고 반대로 계속 상대에 밀려 공격만 당하다가도 어떻게 하여 적시에 공이 골에 들어가면 승자가 된다. 메시나 호날두같은 세계적인 스타 공격선수는 그 시점을 본능적으로 감지하여 행동으로 옮길 수 있었다.

A : I have been seeing her for the past two years and realize how deeply I am in love with her. Do you think I should propose to her?

B : Sure. 'Strike while the iron is hot' / 'Make hay while the sun shines' / 'Opportunity knocks only once.'

이길 수 없으면 타협하라.

If you can't beat them, join them.

(Once you realize that you cannot win your rivals, make peace by joining.)

T의원은 정치계에서 철새라는 말을 많이 듣는다. 상황에 따라 이 편이 되기도 하고 저 편이 되기도 하기 때문이다. 정치하는 사람들이 상황에 따라 적당히 타협하는 경우가 많아 붙여진 불명예스러운 타이틀이다. 정치에서는 어제의 친구가 오늘의 적이 되기도 하고 오늘의 적이 내일의 친구가 되기도 한다. 사실 정치에서 이러한 타협이 없으면 국가의 살림을 꾸려갈 수 없는 경우가 많이 일어날 것이다. 여당이 독주하고 야당이 저지하는 상황에서 서로 색깔을 달리하는 몇 개의 야당들이 경우에 따라 힘을 합하여 한 목소리를 내야 독주를 견제할 수 있기 때문이다. 손자병법 삼십육계 중에도 '주위상(走爲上)'이라는 전술이 나오는데 상대가 우세한 상황일 때 항복하던가, 강화를 맺던가, 후퇴하라는 말이다.

A : I was very much surprised to hear that 'C' company merged with 'E,' the two large electronics business corporations.

B : I can understand why they did it. They might have made that decision, because each thought that it cannot compete with 'W,' a newly established one, by itself any more. This reminds me of 'If you can't beat them, join them.'

공사를 구분해라.

Business is business / Don't mix business with pleasure.

(Don't involve private matters in doing business.)

어느 사립학교 이사장 아들이 갑자기 학교 사무처 직원으로 들어와 근무를 시작했다. 곱지않은 시선으로 보는 직원들이 많았지만 한동안 참고 지켜보았다. 그러나 열심히 일을 하기는커녕 멋대로 출근하고 멋대로 퇴근하는 등 자기가 원하는 대로 행동했고 항의가 많아지자 마침내 그만두고 말았다. 이처럼 가족이 함께 경영하는 사업에서 어려운 문제 중 하나는 일을 해나가는 과정에서 가족 간의 사적인 관계가 개입되는 것이다. 가끔 드라마에서 소재가 되기도 하는데 아들이 회사 내에서 상사인 아버지를 상사로 대접하지 않고 사사롭게 집안의 어른으로 대하면서 갈등이 생기는 경우이다.

A : Mom, I am sorry that I cannot attend the managers' meeting on Friday, because I need to go to my best friend's farewell party.

B : Please do your duties first. 'Business is business' / 'Don't mix business with pleasure.'

한 말등에 두 길마 질까?

You can't have it both ways.

(You can't stay in two places at the same time.)

P양은 30을 갓 넘겼는데 아직 그럴듯한 결혼상대를 만난적이 없다. 고민 끝에 전문 결혼정보회사를 통해 배우자를 만나보기로 하고 만만치 않은 등록비를 내고 신청하였다. 얼마 지나지 않아 매니저를 통해 한 사람을 만나게 되었다. 두 세 번 만났고 가정, 직업, 경제적 능력, 신체조건, 성격 등이 꽤 괜찮다는 생각이 들었지만 첫 번째 만난 사람이 이정도이니 계속 소개받으면 훨씬 더 나은 상대를 만날 수 있겠다는 기대감을 가지게 되었다. 그렇지만 만나던 사람을 포기하기에는 아쉬움이 남았고 결국 더블데이트, 트리플데이트를 하다 보니 몸과 마음도 지치고 어떤 사람이 나은지 판단을 할 수 없게 되었다. 그래서 일단 모두 중단하고 당분간 혼자 지내기로 하였다. 세상에 완전한 사람은 있을 수 없다는 평범한 진리를 깨닫고 있었어야 했다.

A : I can't decide where to go for vacation this year. I have had several places in mind and eliminated all except two.

B : 'You can't have it both ways.' Now is the time to select one.

똥묻은 개가 겨묻은 개를 나무란다 / 숯이 검정 나무란다 / 가랑잎이 솔잎더러 바스락 거린다고 한다 / 사돈 남 말한다.

The pot calls the kettle black.

(Do not accuse others of unpleasant behaviors similar to their own.)

자기 자신에게는 관대하고 남에게는 야박하기 쉽다. 그래서 옛 말에 유부남이 스스로 혼외정사를 하면 단순한 스캔들로 미화되고 다른 유부남이 그랬을 때는 불륜이라 한다는 말이 있다. 한편, 자기는 전철같은 공공장소에서 큰소리로 장시간 휴대폰 통화를 하여 다른 사람들에게 피해를 주면서도 전혀 개의치 않고 자기 아닌 다른 사람이 같은 행동을 하면 눈살을 찌푸린다. 비슷한 상황으로 자기 자식이 식당이나 전철에서 뛰어다니면 씩씩하게 잘 논다고 흐뭇해하면서 남의 아이가 같은 행동을 하면 교육을 잘못했다며 그 아이 부모를 나무라기도 한다. 오히려 자신에게는 정확한 잣대를 들이대고 남들에게는 관대한 마음을 가져야 맞다. 이처럼 잘못된 행동에 대한 객관적 시각이 중요하지만 일이 잘 되었을 경우에는 이를 남의 덕으로 돌리는 것이 지혜롭다고 하였다. 일과 사람 모두 얻게 되기 때문이다.

A : Ms. Lee doesn't put things in order at home, but complains about her roommate saying that she is too casual by leaving her stuff on the desk.

B : We say that 'The pot calls the kettle black.'

열길 물속은 알아도 한길 사람속은 모른다.

You can sound water ten fathoms deep, but you cannot sound the human heart a single fathom / Men and melons are hard to know.

(It is extremely difficult to understand human beings.)

어머니는 최근에 충격을 받으셨다. 친한 친구 딸을 친한 친구 아들에게 소개하여 결혼까지 이르게 하였는데 어느 날 이혼했다는 소식을 접했기 때문이다. 수많은 하객 앞에서 서약을 한 지 6개월만이라고 하였다. 양가를 잘 알고 있었고 두 사람 모두 오랫동안 가까이서 지내며 보아왔기 때문에 상당히 많이 파악하고 있다고 자신을 했었고 그래서 틀림없이 어울리는 한 쌍이 될 것이라고 확신했었다고 한다. 그러나 이혼 사유는 성격차이라고 했다. 사람을 소개하기는 참으로 어려운 일이다. 어머니는 스스로의 판단능력을 의심하게 되어 이후 다시는 사람을 소개하지 못하게 될 것 같다고 말씀하신다.

A : What do you think of Jim whom I introduced to you for your sales section manager last month?

B : It seems that 'You can sound water ten fathoms deep, but you cannot sound the human heart a single fathom' / 'Men and melons are hard to know.' He didn't show up from the second week without any notice.

옷이 날개다 / 보기 좋은 떡이 먹기도 좋다 / 입은 거지는 얻어먹어도 벗은 거지는 못 얻어 먹는다.

Fine feathers make fine birds.

(One's social status seems to be affected by what s/he wears.)

세계에서 한국음식이 일본음식보다 푸대접받는 원인중의 하나는 음식 자체의 맛보다 음식의 모양, 담긴 접시 등 겉모양에서 차이가 나기 때문인 경우가 많은 것 같다. 실제로는 같은 맛의 요리일지라도 많은 사람들이 깔끔하게 적은 양을 예쁜 접시에 담아내오는 식당의 것을 더 맛있다고 평가를 하게 되는 것도 같은 이유에서이다. 한편 운동선수나 연예인의 경우도 능력이 비슷할 때 외모가 더 잘생긴 쪽이 훨씬 인기가 있다. 따라서 외모에 결정적 영향을 미치는 화장과 옷에 스폰서들이 많은 투자를 한다고 한다. 노인들이 지켜야할 여러 가지 'up' 중 'clean up,' 'show up,' 'give up,' 'shut up,' 외에도 'dress up,' 'make up'이 포함된다.

A : Ms. Park looked younger this time. What do you think made her so?

B : Don't you remember what she was wearing? 'Fine feathers make fine birds.'

제 눈에 안경.

Beauty is in the eye of the beholder / The glass is either half empty or half full.

(A person judges what is good or bad.)

D씨 부부는 아무리 보아도 어울리지 않아 보인다. 남자는 키도 크고 잘생긴 외모이지만 여자는 작고 통통하다. 그러나 둘은 잉꼬부부로 소문이 날만큼 잘 산다. 이렇듯 미를 판단하는 기준은 사람에 따라 다르다. 천생연분이라는 말도 그래서 나온 것 같다. 어떤 이는 외모를 중요시하고 어떤 이는 외모보다 성격을 중요시한다. 외모를 보는 기준도 똑같지 않다. 어떤 이는 키가 큰 사람을 좋아하지만 또 어떤 이는 작은 사람을 좋아한다. 마른 체형을 좋아하는 사람이 있는가하면 통통한 체형을 좋아하는 사람도 있다. 세상에 미의 판단기준이 하나만 있다면 누구나 거기에 맞추기 위해 성형이 지금보다 훨씬 만연했을 것이다.

A : I don't understand why she married him. To me he is not handsome, tall and slim.

B : Don't say that. 'Beauty is in the eye of the beholder' / 'The glass is either half empty or half full.'

귀에 걸면 귀걸이, 코에 걸면 코걸이.

Be all things to all men.

(What people think makes something good or bad.)

B군은 실업 고등학교 졸업 후 취직을 하여 열심히 적금을 부었다. 기한이 되어 적금을 타서 목돈이 생겼는데 어떻게 재테크를 할지 고민하고 있었다. 정기예금을 택하면 안정적이기는 하지만 이자가 적어 재산증식이 어려울 것이고 작은 아파트라도 사고 싶지만 부동산에 투자하는 것 역시 투자가치로는 매력이 떨어져 전망이 없어 보이고 주식에 투자하는 것에는 위험부담이 따르기 때문이다. 여러 사람들의 의견을 듣고 나서 최종적으로 정기예금과 주식에 각 각 분산투자하기로 결정하였다. 옳고 그른 것이 확실한 경우는 다르지만, 이처럼 각자의 견해에 따라 해석이 달라질 때는 각자의 판단에 따라서 최종결정을 하게 될 것이다.

A : I don't know which is better. Some say the notebook is good and others say the desktop is good.

B : There is a saying, 'Be all things to all men.' They cannot make a decision for you, so you should decide one for yourself.

눈은 마음의 거울이다.

The eyes are the mirrors of the soul.

(Eyes tell us everything about the person who we speak to.)

나라마다 문화의 중요한 부분인 일상에서의 생활습관이 다르다. 예를 들어 미국사회에서는 대화를 할 때 시선이 항상 상대를 똑바로 주시해야만 존중의 표시가 된다. 그러나 우리나라에서는 어른과 대화를 한다거나 특히 어른에게서 꾸중을 들을 때 시선을 마주치면 버릇없다고 여겨왔다. 이렇게 서로 문화와 다르기 때문에 미국에 거주하는 한국 사람들의 자녀교육에서 오해가 생기는 경우가 많았었다. 예를들어 학교에서 선생님에게 꾸중을 듣던 한국 학생이 교사와 시선을 마주치지 않고 무시했다는 이유로 부모가 학교로 불려가는 경우도 종종 있었다고 한다. 아마도 미국사회에서는 마주보는 눈빛에서 상대의 마음을 읽을 수 있기 때문에 그렇게 하여 서로 소통하기를 원했을 것으로 짐작된다.

A : I frequently communicate with my dog using eye contact. Whenever he does something wrong, he tries to turn his eyes away from me.

B : Certainly 'The eyes are the mirrors of the soul' in every living creature.

닭이 먼저냐, 알이 먼저냐?

Which came first, the chicken or the egg?

(There is no way of knowing what provides the cause of what.)

정부는 사교육 시장을 줄여야 경제가 안정된다고 방과 후 교실, 저소득층 자녀들을 위한 멘토링 제도 등을 도입하는데 노력하고 있지만 사교육 비용은 좀처럼 줄어들지 않고 샐러리맨들은 월급을 인상하라고 해마다 아우성이다. 사교육 비용이 점점 늘어나서 현재의 봉급으로는 가계 지출을 감당할 수 없다는 것이다. 월급이 오르면 그만큼 사교육에 소비하는 부분이 늘어나 또 다시 가계가 어려워지고 그래서 또 월급을 올리라는 주장이 해마다 반복되는 셈이다. 보다 근본적인 대책이 절실히 필요하다.

A : Our nation's labor union is on strike again this year asking for a salary increase and better working condition. Workers are particularly complaining about higher prices of necessities in our daily life.

B : I don't know 'Which came first, the chicken or the egg?'

예외 없는 규칙은 없다.

There is an exception to every rule.

(Rules can be broken.)

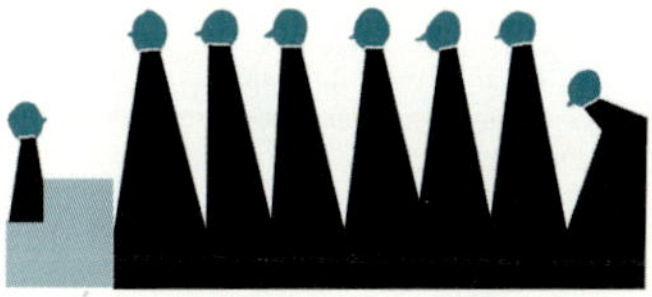

안타까운 탈북형제에 대한 사연이 방송된 적이 있다. 몇 년 동안 먹고 싶은 음식 안 먹고 입고 싶은 옷 안 입고 힘들게 저축하여 얼마의 목돈을 은행에 저축할 수 있었단다. 어느 날 갑작스런 교통사고로 형이 세상을 떠나 동생이 그 돈을 정리하려고 은행에 갔는데 미성년자라서 이북에 거주하는 부모의 인감도장이 있어야 인출할 수 있다며 거절당했다는 것이다. 남북통일이 될 때가지 기다리라는 말인데 어이없다. 관료주의, 행정편의주의 또는 red tape라는 용어를 쓸 수 있는 경우인데 이처럼 국가 행정부서에서 요구하는 복잡하고 상식에 어긋난 절차가 국민들의 소중한 시간을 빼앗고 힘들게 하는 경우가 비일비재하다. 나아가 이런 행정 편의주의에 기초한 정책들이 외국자본의 진출을 방해하여 국익에 손해를 끼치기도 한다.

A : I recently signed a one year contract with you for this apt, but I am very sorry to tell you that I am assigned to Busan again, so I have to move soon.

B : Don't worry. 'There is an exception to every rule.' I will return your key money as soon as I find a new tenant.

한편말만 듣고 송사 못한다.

There are always two sides to a story.

(We should listen to both parties in every case.)

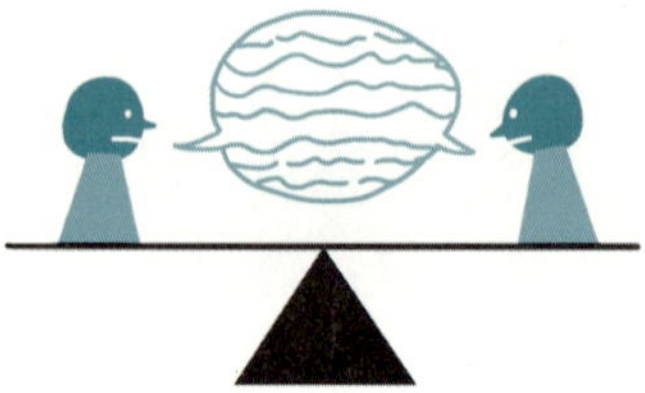

지혜를 상징하는 솔로몬 왕의 한 어린아이의 진짜 생모 판결은 각자 자신이 옳다고 그럴듯한 이유를 들어 주장할 때 객관적인 판단이 얼마나 힘든지를 보여준다. 그러나 공정한 판단을 하기 위해서는 양자의 이야기를 들을 필요가 있다. 모든 재판과정에서 원고와 피고의 진술을 반드시 듣는 이유이다. 사건이 법정에까지 가게 된 데는 결국 양측이 팽팽하게 맞서 해결을 볼 수 없었을 것이기 때문이다. 한때 사실에 근거한 드라마라고 하여 인기였던 부부 클리닉 TV프로가 있었다. 가정법원에서 다루었던 실제 사건들을 소개하고 해결책을 제시하는 식으로 전개되었는데 남편과 아내가 각자의 주장을 강하게 하는 장면들을 보면 양측 모두가 그럴듯해 보였다.

A : I am very much embarrassed to learn that my parents are separating. My father seems to be mainly responsible for this breakup.

B : Please listen to your father yourself and try to resolve the situation if possible. 'There are always two sides to a story.'

법은 멀고 주먹은 가깝다.

Might makes right.

(The stronger usually take control of the weaker.)

김좌진 장군의 아들 김두한은 학교 교육을 못 받았지만 힘이 장사로 아버지를 이어받아 항일 독립운동을 했던 인물이다. TV에서 그의 일대기를 방영했을 때 시청자들은 그의 주먹에 무릎을 꿇는 일본인들을 보며 묘한 대리만족을 하기도 했었다. 인간의 동물적 본성 때문에 일반적으로 사람들은 힘이 센 남자를 일단 위협적인 존재로 보고 함부로 하지 못한다. 따라서 그 주위에는 추종하는 많은 이들이 존재하고 함께 폭력을 휘두르며 공생한다. 주로 상대하는 업소가 밤무대, 카지노 등이고 심지어는 노점상이 되는 경우도 있다고 한다. 무리를 져서 협박하여 돈을 갈취하면서 독자적으로 대규모 밤무대 사업을 운영하기도 한다는데 이들에게는 법질서는 통하지 않고 오로지 주먹만이 있을 뿐이다.

A : It's strange that the police cannot crack down on violence in our society, even when they know who they are.

B : 'Might makes right.' To my surprise, some of them even join those who wield violence.

두 문화속에 숨겨진
같은 의미의 속담이야기

겸손

10

벼는 익을수록 고개를 숙인다 / 빈수레가 요란하다.

Still waters run deep / Noisy waters run shallow.

(One becomes humble as s/he gets mature.)

'산은 산이요, 물은 물이요'로 유명한 성철스님은 평생 헌 누더기 하나만을 걸치고 깊은 산속에서 조용히 도를 닦다가 열반하셨고, 김수환 추기경 역시 평생 동안 자신을 낮추고 어려운 이웃을 돕다가 빈 손으로 세상을 떠나셨다. 성인으로 추대받을 만한 위대한 종교지도자들이다. 그러나 대부분의 사람들은 남들이 알아주지 않을까 두려워하며 열심히 자기 자신을 과시하려고 애쓰며 산다. 그렇지만 그렇게 하면 할수록 허점은 드러나기 때문에 애처롭고 측은해 보인다. 소신껏 자신감을 가지고 행동하는 사람 즉 실력과 양심을 가진 사람은 경망스럽게 행동하지 않고 항상 겸손할 줄 안다.

A : What do you think of Susan? She never stops speaking well of herself and her family, although I know she has been leading a very miserable family life.

B : That was what I figured. 'Still waters run deep' / 'Noisy waters run shallow.'

범사에 감사하라.

Praise the bridge that carries you over.

(Be thankful for small things.)

B과장은 아침에 늦잠을 잤다. 서둘러 출근준비를 하면서 깨워주지 않은 아내에게 화를 냈다. 회사에 늦지 않기 위해 차를 급히 몰고 가다보니 교통사고가 심하게 났는지 거의 망가진 자동차 두 대가 갓길에 있고 응급차가 환자를 싣고 가고 있었다. 사고의 주인공이 자신일 수 있었다는 데 생각이 미치자 오늘 늦잠 잔 것이 오히려 다행이다 싶었다. 그래서 아내에게 감사하다는 문자를 보냈다. 불길한 예감이 들어 일부러 깨우지 않았을 것이라는 생각이 들었기 때문이다. 사실 우리 주변에는 감사할 일들이 넘친다. 어쩌면 시시각각 일어나는 모든 일들이 감사의 대상인지도 모른다.

A : I have been looking for a job, but all I got is this part-time work at a convenience store.

B : You're lucky to find it at this difficult time, I think. 'Praise the bridge that carries you over.'

개구리 올챙이 적 생각 못한다.

Don't forget that every oak has been an acorn.

(It is easy to forget where we are from.)

A씨는 작은 회사를 경영해오고 있다. 10년 전 고등학교를 졸업하고 시골의 작은 마을에서 홀어머니와 어렵게 사는 조카를 올라오게 하여 월급도 주고 일을 가르치면서 데리고 있어왔다. 총명해서 그런대로 빨리 일을 배워 혼자서도 회사를 꾸려 갈 수 있을 정도가 되어 흐뭇해하고 있었다. 그런데 어느 날 독립을 하겠다고 선언하였고 이미 준비가 완료되었으므로 당장 나가겠다고 하였다. 삼촌인 A로서는 뒤통수를 얻어맞은 듯 큰 충격이었고 이후 일이 손에 안 잡혀 힘들어 한다고 하였다. 그렇게 될 날을 예상은 했었으면서도 이렇게 빨리 또 갑자기 올 줄은 상상도 하지 못했다고 했다.

A : You seem to be very upset, daddy.

B : Yes, I do. I have actually raised Mr. Kho myself since when he was 10. Now he became the head of workers' union in our company and protests against our policy. I would like to say to him, 'Don't forget that every oak has been an acorn.'

선무당이 사람 잡는다.

A little knowledge (learning) is a dangerous thing.

(The less one knows, the more dangerous situation s/he may be faced with.)

A군은 호신술로 태권도를 배우기 시작한지 3개월째다. 친구들 몇 명과 밤늦게 술을 마시던 중 옆자리 손님들과 사소한 일로 말다툼을 하게 되었다. 마침내 화가 치밀어 주먹을 휘둘렀는데 공교롭게도 한 남자의 치아를 부러뜨렸고 신고를 받고 출동한 경찰에 의해 경찰서로 연행되었다. 결국 함부로 주먹을 휘둘러 사고를 친 것이다. 물론 몇 단에까지 이른 태권도 사범이었다면 그처럼 경솔하게 행동하지 않았을 것이다. 그렇게 할 경우 사람을 크게 다치게 할것이라는 사실을 이미 알고 있었을 것이기 때문이다. 그래서 빨리 그 자리를 피해 사라지는 편을 택했을 것이다.

A : I hear that Bob is in critical condition in hospital because of a car accident last night. He hit a big tree in rain.

B : I was scared to death beside him, because he drove pretty fast while talking on the phone. Actually he started driving only a couple of months ago. 'A little knowledge (learning) is a dangerous thing.' He was very lucky.

뻔데기 앞에서 주름 잡는다 / 공자 앞에서 문자 쓴다.

Don't (try to) teach grandmother (how) to suck eggs / Don't (try to) teach a fish how to swim.

(Don't pretend to be more mature than you actually are.)

30세를 갓 넘긴 후배가 회사에서 업무보고를 위한 프리젠데이션을 마친 후 '20대에는 하루 이틀 밤샘은 끄떡 없었는데 30이 넘으니 하루만 잠이 부족해도 며칠을 고생 한다' 고 하여 선배 앞에서 그런 말을 하지 말라고 하였다. 이처럼 우리는 흔히 자신보다 훨씬 더 나이가 많은 어른 앞에서 더 연장자인양 말하거나 행동하는 사람들을 본다. '이사하느라 물건을 날랐더니 허리가 아프다,' '계단을 오르려면 무릎이 아파 힘들다.' '아직 나이 50도 안되었는데 건망증이 심해져서 물건을 어디다 두었는지 찾지 못할 때가 많다' 등 이다. 한편, 연장자에게 동료 또는 후배에게나 할 수 있는 충고를 하여 당황하게 하는 경우도 있다.

A : Please excuse me saying this: I am so forgetful at my age of 40 that I am afraid that I might be suffering from dementia.

B : 'Don't (try to) teach grandmother (how) to suck eggs' / 'Don't (try to) teach a fish how to swim.' I am 70.

잘되면 내덕, 못되면 조상 탓.

Victory has a hundred fathers and defeat is an orphan.

(Many people claim to be responsible for winning, but nobody takes responsibility for defeat.)

R씨는 지역구 국회의원 선거가 끝나고 실의에 빠졌다. 선거 운동원으로 밤잠을 설치며 뛰어다니면서 열심이 밀었던 후보가 당선된 것까지는 좋았다. 그런데 그 후 자신이 기대하던 자리를 다른 사람에게 주고 모른 체 했기 때문이다. 이렇듯 선거가 끝날 때까지 후보를 어떻게 든 당선시키기 위해 뭉쳤던 당원들이 목적을 이룬 다음에는 서로 자기 때문에 승리했다고 공을 내세우기 바쁘다. 그때 이런 곳에 가서 선거유세를 해보자고 제의한 사람이 바로 나다, 누구에게 부탁해보자고 했던 사람이 바로 나다, 아무개인 내가 당선에 유리한 선거 전략을 세웠던 것이 적중한 것이라는 등 각자 자신 때문에 된 것이라며 나서고 싶어 한다. 한편 선거에서 지면 아무도 책임을 지려하지 않는다.

A : It is very difficult for the president of a nation to be fair in placing his/her men in important positions.

B : I agree. All of them would think they deserve to take one. 'Victory has a hundred fathers and defeat is an orphan.'

서투른 목수가 연장 나무란다 / 쟁기질 못하는 놈이 소 탓 한다.

The bad workman always quarrels with his tools.

(A man of abilities does not complain about his surroundings.)

한 친구 아버지는 선수는 아니지만 골프를 꽤 잘 친다고 들었고 다른 한 친구 아버지는 골프를 배운지 얼마 되지 않았다고 들었다. 그런데 오래 되지 않은 분은 드라이버를 벌써 몇 번째 바꾸었다고 한다. 한편 잘 치는 분은 아직도 몇 년째 같은 드라이버를 사용하는데 오히려 편안하게 칠 수 있어 안 바꾼단다. 한국 사람들이 골프채를 가장 빨리 바꾼다는 설이 있다. 특히 드라이버는 매년 새로운 모델로 바꾸는 골퍼도 많은가 보다. 그래서 외국의 유명한 골프채 제조회사들이 해마다 자신들의 신상품을 시장에 내놓기 전에 우리나라에서 먼저 테스트한다는 소문도 있다. 실력 있는 골퍼는 골프채를 탓하지 않는다.

A : Some golf balls are very expensive, but others are not. Expensive balls might be important to pro-golfers, but to amateurs balls don't make much difference in scores, I think.

B : I agree. 'The bad workman always quarrels with his tools.'

남의 일에 콩 나라 팥 나라 하지 마라.

Mind your own business (MYOB).

(Please concentrate on what you do.)

L씨 가족은 이민생활 10년째다. 처음에는 외롭고 고국이 그리워 이민 온 다른 한국 사람들과 어울리며 살았지만 어느 때 부터인가 가까이 하지 않기로 하였다. 같은 한국 사람들끼리 지나치게 서로 헐뜯고 참견하는 경향이 있어 정신적으로 많이 피곤했기 때문이다. 이처럼 우리나라 사람들의 일반적인 공통점 중 하나는 드러내놓고 남의 일에 지나치게 관심을 가진다는 것이다. 이성적인 성향이 강한 서양 사람과 달리 감성이 강하기 때문이기도하다. 그래서 논리적으로 생각하여 문제를 해결하기 보다는 대중적 분위기에 끌려 다니기 쉬운 위험도 있다. 대신 남에 대해 진심어린 관심과 배려로, 인간적인 유대를 지속하는 따뜻한 마음이 특징이기도 하다. 무엇이든 지나치면 문제가 된다.

A : I wonder if you saw Mirae today. She looked awful; I hear that she broke up with her long-time boyfriend recently.

B : I advise you to 'Mind your own business.'

빌어먹는 놈이 찬밥 더운밥 가리랴.

Beggars can't be choosers.

(When you don't have anything, just accept what is offered.)

W군은 회사근처에 집을 얻어 혼자 사는 총각으로 직장에서 욕을 많이 먹는다. 바람을 잡아 직원들을 회식자리로 가도록 유도하는데 항상 앞장을 서는 것 까지는 좋은데 한 번도 돈을 내는 일이 없기 때문이다. 식당을 정하고 주문을 하고 음식 맛이 있네 없네 하며 품평까지 하면서 걸신들린 사람처럼 먹다가 막상 돈을 지불해야하는 순간이 오면 피하는 습관이 있다. 화장실에 갔다 온다고 하며 사라지기도 하고, 멀쩡한 구두끈을 맨다며 시간을 끌어 결국 다른 사람이 내도록 만든다. 한편, 요즈음 거지는 동전은 돈으로 간주하지 않기 때문에 동전을 주면 오히려 들으라는 듯이 큰소리로 욕까지 한다고 한다.

A : What happened? You seem to be very upset.

B : I am. I gave Jin a watch for her birthday last week. She then started talking about its color, size, and so on. I wanted to take it back. 'Beggars can't be choosers.' Right?

외국에 나가면 그 나라의 풍습을 따라야 한다.

When in Rome, do as Romans do.

(Follow someone's rules when you are his/her guest.)

아프카니스탄에 인질로 잡혀 거의 목숨을 내놓을 뻔 했던 어느 교회 교인들의 석방을 위해 우리 측 협상대표 역할을 했던 선글라스 낀 남자는 상대 텔레반을 설득시킬 수 있었던 가장 큰 무기는 그들의 언어를 유창하게 구사하는 등 그들에게 호감을 줄 수 있는 말과 행동이었다고 고백했다. 같은 맥락에서 기업이 해외에서 성공하기 위해서는 현지인들에게 거부감을 주지 않도록 언어는 기본이고 문화에 동화하는 모습을 보여주는 것이 중요하다고 해외파견 임원들이 전한다. 한국계 미국인인 골프선수 위성미가 시합에 참여하기 위해 우리나라를 방문했을 때도 떡볶이와 족발을 즐겨먹는다고 하여 많은 한국인의 인기를 모았었다.

A : Mr. Wenger, what was the most difficult thing for you in Korea?

B : Taking off my shoes was at first, but I soon became used to it. You know, I try to 'Do as Romans do, when in Rome.'

고객이 왕이다.

The customer is always right.

(Customers' opinions are to be respected at all times.)

서희는 백화점에서 마음먹고 코트 하나를 샀다. 이것 저것 입어보고 가장 마음에 드는 물건을 샀다고 생각했는데 집에 가지고 와서 다시 입어보니 다른 색이었으면 더 좋았었겠다는 생각이 들었다. 그러나 교환하기가 미안하여 망설이고 있을 때 친구가 얼마든지 바꾸어도 된다고 하여 방문하였고 친절하게 교환해주었다. 서비스산업에 종사하는 사람들의 의식이 사업자 위주에서 고객위주로 제대로 바뀌어가고 있어 다행이다. 경쟁사간 경쟁이 심해져 살아남기 위한 당연한 변화라고 보아야 하겠다. 1980년대만 해도 일단 물건을 구입한 후에는 마음에 안 들더라도 환불은 커녕 교환조차 불가능했었다.

A : I was very upset last Sunday when a woman asked me for a refund for what she had bought a week ago. She said she didn't like it.

B : I understand how you would have felt, but 'The customer is always right.' You need to be more humble.

두 문화속에 숨겨진
같은 의미의 속담이야기

말

11

낮 말은 쥐가 듣고 밤 말은 새가 듣는다.

Walls have ears.

(Once spoken, words cannot be under control.)

어느 유명한 남자 연예인이 스캔들에 휘말렸다. 한참 아래인 또 다른 여자 연예인과의 관계와 관련해서였다. 당사자들은 극구 부인을 했지만 소용이 없었다. 단순한 소문일리 없다는 것이다. 결국 기자회견을 자청한 남자 연예인이 소문의 허구성을 강력히 증명하느라 애쓴덕에 일단 거기서 더 이상 소문이 확대되지 않고 사그러졌지만 대부분의 소문은 그렇지 않다. 근거없이 떠도는 소문은 드물기 때문이다. '임금님 귀는 당나귀 귀'라는 전래동화는 인간이 얼마나 남의 말하기를 좋아하고, 그래서 일단 한번 내뱉어진 말은 말한 이의 통제 밖이라서 어떠한 권력자가 막아도 수습이 안 된다는 말의 위력을 보여준다.

A : There are bad rumors about a friend of mine. I just can't believe it.

B : Do you think it's just a rumor? It may be true, since 'Walls have ears.'

발 없는 말이 천리 간다.

Bad news travels fast.

(News about people's problems and misfortunes spread like wildfire.)

N씨 부부는 최근에 이혼했다. 남편이 어느 날 회사 동료로부터 자신의 부인이 유학시절 어느 외국인과 동거했었다는 말을 들었고 몇 군데 확인한 결과 단순한 소문이 아니라 사실이었다는 것이 드러났기 때문이다. 본인도 마침내 그 사실을 인정하였다고 한다. 아마도 그녀는 태평양 건너 몇 만리 떨어진 외국에서 살고 있었고 시간도 상당히 흘렀기 때문에 아무도 모를 것이라 생각했을 것이다. 세상은 넓고도 좁다거나 죄 짓고 못산다는 말이 실감난다. 외국인 교수와 학원강사 중에도 자기 나라에서 아동을 성폭행 했었다는 소문이 사실로 확인되어 추방된 사례가 여러 건 있었다.

A : Did you hear that Ms. Kim got divorced recently?

B : Yes, I heard of it from a friend of mine. I'm afraid that everybody in this town would know about it. 'Bad news travels fast.'

말이 씨가 된다.

Be careful what you wish for (You might get it).

(Try not to say thoughtlessly everything that you would like to.)

Y양은 결혼 3년차로 최근에 다니던 직장까지 그만두고 아이를 가지려고 하지만 소식이 없어 심난하다. 스트레스와 환경오염이 특히 남성들을 무력하게 하여 수정자체가 되지 않기 때문에 무자녀 가족이 많아진다고도 한다. 조금 더 기다려보고 시험관 아기를 시도하려고 한다. 얼마나 아이를 원했으면 "어려서 나는 결혼은 해도 아이는 안 낳고 살거야." 라고 입버릇처럼 말했던 것까지 후회가 되었다. 철없던 어린 시절 무심코 내뱉었던 그런 말들이 되돌아와서 이런 정신적 고통을 주는 것은 아닐까 하는 어리석은 생각까지 들었다.

A : I hope Mr. Smith leaves the company. I've never got along with him.

B : Yes, but be careful. You never know who will replace him, it might be someone worse. 'Be careful what you wish for (You might get it).'

누워 침 뱉기.

What goes around comes around.

(What you say today will return to you in the future.)

대학 동창인 L실장은 근처 고등학교 직원으로 10여년 이상을 근무해 오고 있다. 오랜만에 우연히 만나 주말 산행을 함께 해온지 몇 주 째이다. 그러나 앞으로는 다시 만날 생각이 없다. 다니는 직장 이사장에 대해 학생들 등록금을 유용하고 있다거나 돈을 받고 교사채용을 한다는 식으로 근거 없는 비방을 일삼기 때문이다. 이처럼 자신이 속한 사회, 즉 가족, 집안, 학교, 직장에 대해 남들에게 좋지 않게 이야기하는 사람들을 종종 본다. 어차피 그들과는 같은 배를 탄 운명이고 함께 문제해결을 위해 노력해야하는 관계이므로 이런 식의 비방은 결국 자신의 얼굴에 침을 뱉는 행위일 따름이다. 어리석기 그지없다.

A : She walks around our bedroom early in the morning everyday. I cannot stay in bed long enough, even on weekends.

B : You're talking about your mother-in-law again. Please don't complain about her. 'What goes around comes around.'

‘아’ 다르고 ‘어’ 다르다.

It’s not what you say, but how you say it.

(Not only linguistic, but also extralinguistic and paralinguistic messages are important.)

지금은 휴대전화가 있어서 대화를 원하는 사람과 직접 통화할 수 있어 문제가 없지만 옛날에는 친구들이 우리 집에 전화하기를 매우 꺼려했었다. 주로 어머니가 전화를 받곤 하셨는데 항상 퉁명스럽게 받으셔서 기분이 언짢았다고 한다. 그러나 실제로 대하고 나서 따뜻한 분임을 알게 되었다고들 한다. 같은 말이라도 소리의 크기, 억양, 몸짓과 얼굴표정 등에 따라 의미가 다르게 전달된다. 가령, “너 왜 왔니?”가 단순히 무슨 일로 왔느냐고 궁금해서 묻는 것일 수도 있고, 안와도 내가 다 알아서 처리했을 텐데 그래도 와주어 고맙다는 의미일 수도 있으며, 또는 절대로 와서는 안 되는데 왜 왔느냐고 책망하는 의미일 수도 있다. 그래서 언어를 지도할 때 적절한 억양, 몸짓과 같이 메시지 전달에 영향을 주는 언어외적 요인들을 함께 가르쳐야 한다.

A : I don’t understand why you were so angry. I just said that it would be difficult to see you because of the work I have to finish very soon.

B : That’s because I thought you didn’t want to see me any more. In other words, ‘It’s not what you say, but how you say it.’

말로 천냥 빚 갚는다.

A soft answer turns away wrath / You can catch more flies with honey than with vinegar / A good tongue is a good weapon.

(Words well spoken will make us move.)

국회 인사청문회에서 어떤 지명 내정자는 국회의원으로부터 부동산, 자녀교육 등과 관련하여 적절치 못하게 행동한 것에 대해 해명해달라는 질문에 무조건 부정하고 변명을 늘어놓는다. 지명이 취소되는 경우가 대부분이다. 한편, 어떤 내정자는 유사한 상황에서 솔직하게 잘못을 시인하고 정직하게 책무를 다하려고 노력하겠다는 다짐을 하여 무사히 관문을 통과하기도 한다. 결국 말을 잘 한다는 것은 미사여구를 사용하여 그럴듯하게 포장하는 것을 의미하지 않는다. 오히려 표현이 서투르더라도 진솔하게 자신의 생각을 전달할 때 상대에게 감동을 주고 마침내 그들의 마음을 움직이게 한다. 주요 방송사에서 오랫동안 9시뉴스를 진행했던 앵커가 자신의 텃밭인 지역 국회의원 선거에서 낙방하는 것을 보면 말을 잘 한다는 것의 의미를 알 수 있다.

A : I was very mad at Soyeon until I talked with her on the phone. As a matter of fact, she didn't pay back the money which I had lent to her long time ago. After I heard of her difficult situation, however, I decided not to bring up that subject again.

B : You mean you were moved. 'A soft answer turns away wrath' / 'You can catch more flies with honey than with vinegar' / 'A good tongue is a good weapon.'

가는 말이 고와야 오는 말이 곱다.

You scratch my back, I scratch yours / One hand washes the other.

(Nice words for nice words.)

순영이는 지난 밤 언니와 가벼운 말다툼을 하였다. 출근하기 전 화해해야겠다고 생각하고 상냥하게 아침 인사를 건네려고 다가갔다. 그러나 언니를 본 순간 표정이 안 좋은 것을 확인하고 자신도 모르게 돌아서고 말았고 결국 둘의 사이는 더욱 벌어지게 되었다. 인간은 사회적 동물이라서 누군가와의 관계로 존재할 수밖에 없다. 그렇기 때문에 서로 좋은 관계를 유지하기 위해서는 함께 노력해야 하는데 이러한 노력의 주요 수단은 말이다. 아무리 한편에서 부드러운 말로 대하려해도 상대가 순수하게 상응하는 말로 받아주지 않으면 안 되고 반대로 상대가 아무리 고운 말로 다가가려고 해도 역시 받아주지 않으면 좋은 관계를 유지할 수 없다. 가까운 가족 간에도 원만한 관계를 유지하려면 말의 오고감에 있어 이러한 원칙이 지켜질 필요가 있다.

A : Mr. Lee is very kind to Miss Park, but not to me.

B : Try to be nice when you talk to him. He will then change, I am sure. Don't you know 'You scratch my back, I scratch yours' / 'One hand washes the other.'

호랑이도 제 말하면 온다더니....

Speak (Talk) of the devil, and he is bound to appear.

(Someone arrives unexpectedly while we talk about him.)

어느 날 우연히 동네 식당에 들렀다가 대학 동창 여러 명을 한꺼번에 만났다. 자기들은 정기적으로 모임을 가져왔고 그날이 모임 날이라 함께 식사를 하려고 왔다는 것이다. 옛날 학창시절 이야기를 하면서 마침 나에 대해 말을 하던 중이었는데 정말 우연이라고 반가와 했다. 이처럼 과학으로 설명할 수 없는 일들이 세상에는 많이 일어난다. 갑자기 심하게 앓게 된 사람이 어떤 약을 써도 안 되던 중 무당굿을 하고 무당이 되면서 멀쩡해졌다는 경우를 어떻게 과학으로 증명할 수 있을까? 세상을 떠난 가족 중 한사람이 나타나 따라오라 하여 따라갔다는 꿈 얘기를 하더니 건강하던 그 사람이 갑자기 몸 저 눕게 되어 세상을 떠났다는 경우도 있다.

A : Hi, there! What are you all doing together here?

B : Oh, Younggi. What a surprise! 'Speak (Talk) of the devil, and he is bound to appear.' Why don't you stay with us tonight?

침묵은 금이다.

Silence is golden.
(Speech is good, but silence is better.)

대학 강사인 S는 말이 많아 사람들로부터 종종 욕을 먹는다. 학술 발표회에서도 항상 엉뚱한 질문을 하곤 하는데 대부분의 경우 무시당한다. 모르면 차라리 조용히 있으면 좋을 텐데 그렇지 못한 성격이라서 자신의 뜻대로 안된다며 스스로도 자신의 그런 성격을 못 마땅해 하기도 한다. 일반적으로 서양 사람들 특히 미국인들은 침묵을 부정적으로 생각하고 동양에서는 반대로 침묵을 긍정적으로 생각하는 경향이 있다. 그래서 미국인과의 모임에서 말을 하지 않으면 관심이 없다는 오해를 받는다. 낯선 사람에게도 미소와 간단한 인사말을 건네는 것이 예의다. 그러나 한국 사람은 일반적으로 말을 아낀다. 그래서 옆집에 살아도 직접 아는 사이가 아니면 마주쳐도 모른 체 하는 경우가 대부분이다. 재미있는 일은 캠퍼스에서나 산책길에 마주치는 서양인에게 가볍게 인사를 하려고 쳐다보면 얼굴을 돌리고 지나쳐버려 당황할 때가 많이 있다는 것이다. 그들은 이미 우리문화에 익숙해져 있었던 것이다.

A : I couldn't sleep at all last night worrying about how upset my mother was. I told her something I should not have.

B : 'Silence is golden.' Please apologize to her as soon as possible.

가만히 있으면 중간이나 가지.

A closed mouth catches no flies.

(Saying nothing is better than saying something wrong.)

성애씨는 소위 길치다. 노래의 음정을 맞추지 못하고 가사를 읊조리는 사람을 음치라고 하듯이 길을 찾아가지 못하는 사람을 가리켜 길치라고 한다. 어느 날 한정식을 잘하는 음식점이 있다고 하여 따라갔더니 분명히 여기 있었는데 하며 헤매다가 엉뚱한 식당에 가서 먹었던 기억이 있다. 그녀의 남편은 아내가 길치라는 것을 안다. 그런데도 10여년 만에 유학시절 가끔 들렀던 호숫가를 찾아 가던 중 잠깐 기억이 희미하여 옆자리에 타고 있던 아내에게 물었고 아내가 아마도 이 길이지 대답하여 택했다. 결국 아내의 대답이 틀렸다는 것을 한참을 가다가 알게 되었다. 남편은 아내에게 묻지 말았어야 했고 아내는 아예 답을 하지 말았어야 했다는 말을 주고 받으며 한참을 웃었다고 하였다.

A : You asked me who Columbus is. Isn't he from Ohio?

B : Are you kidding? 'A closed mouth catches no flies.'

소문난 잔치에 먹을 것 없다 / 침소봉대.

Great boast and small roast / Don't make a mountain out of a molehill.

(Watch out for those who brag.)

카메르가 2022년 World Cup 개최지로 선정되었다. 한국, 미국 등 여러 나라가 최종까지 경합을 벌인 가운데 카메르는 처음부터 유력한 후보가 되지 못했었다고 한다. 아프리가 국가로는 최초라는 것이 이점이기는 했지만 기온이 섭씨 40도를 넘는 악조건을 극복하기는 어렵다고 생각했다고 한다. 그렇지만 프리젠테이션에서 경기장들이 거의 한곳에 모여 있어 이동이 편리하고 경기장 실내온도를 에어컨으로 적정하게 유지하겠다는 기발한 아이디어를 발표하여 올림픽위원회 위원들의 마음을 움직였다고 한다. 소문난 잔치로 끝나지 않기를 바란다.

A : How was the wedding for Mr. and Ms. Chung? Everybody has been talking about it for a long time.

B : Oh, it was just a typical wedding. They were 'Making a mountain out of a molehill.' 'Great boast and small roast'.

말보다 행동(이 중요하다) / 무슨 말을 못하랴 / 말은 쉽지.

Easier said than done / Actions speak louder than words / Talk is cheap.

(Talking only without action is meaningless.)

어느 드라마에서 여자 대통령을 다룬 적이 있다. 사교육을 완전히 없애 차별받는 아이가 없도록 하겠다, 부동산거품을 없애 집 없는 서민이 없게 하겠다 등 공약을 남발하는 정치인들에 식상하여 정치 비리 없는 깨끗한 사회를 만들어 보겠다는 의지를 가지고 실천하려고 애쓰는 여성이 주인공이었다. 결국 그렇게 만은 될 수 없는 현실에 부딪쳐 고민하면서 약간의 타협은 어쩔 수 없이 되기는 하였지만. 공자의 제자중 하나였던 자하는 '… 부모를 효도함에 그 힘을 다하고 … 벗과의 사귐에 말이 신뢰할 수 있는 사람이라면 … 나는 그를 배웠다고 할 것이다' (사부모, 능갈기력; 사군, 능치기신; 여붕우교, 언이유신<事父母, 能竭其力 ; 事君, 能致其身; 與朋友交, 言而有信>)라고 말했다고 한다. 인간관계에서 신뢰만큼 중요한 덕목은 없을 것이다. 그리고 신뢰는 말이 아닌 행동과 실천에서 자연스럽게 쌓아져가게 되어 있다.

A : Who are you going to vote for our next president? Kim or Lee?

B : I will go for Kim. I cannot trust Lee anymore, so I would give him this advice : 'Easier said than done' / 'Actions speak louder than words' / 'Talk is cheap.'

얌전한 고양이가 부뚜막에 먼저 올라간다 / 빈 깡통이 소리만 요란하다.

Barking dogs never bite / It's the quiet ones that you have to watch out for.

(Be careful of the quiet, since they might be first to confront you.)

한 대기업의 창업자 부인이 대중 앞에 나선적도 없이 현모양처로 조용히 살아오다가 남편을 사고로 갑작스럽게 잃게 된 후 회사를 맡아 의욕적으로 잘 이끌어 갔다. 어떤 사람은 학교시절 조용히 뒷자리에 앉아 나서는 일이 없었는데 졸업 한참 후에 보니 다수당인 여당의 대변인이 되어 신문과 방송에 오르내리는 유명인사가 되어 있었다. 흔히 말을 많이 하는 시끄러운 친구는 대체로 까다롭지 않고 편한 경우가 대부분이다. 그렇지만 말이 없는 친구는 속으로 무슨 생각을 하는지 모르기 때문에 그렇지 않다. 따라서 사람의 됨됨이는 말로 포장된 겉모습이 아니라 일이 생길 때 얼마나 현명하게 대처하는가를 보고 알아볼 수 있다. 흔히 조용한 사람이 무섭다고 한다.

A : I am shocked to learn that Miyoung voted against me in the student head election the other day. She was always quiet, but kind to me.

B : I am not surprised at all. 'Barking dogs never bite' / 'It's the quiet ones that you have to watch out for.'

소귀에 경 읽기 / 마이동풍.

Go in at one ear and out at the other.

(It's no use saying anything.)

J씨 부부는 어떤 부분에서는 성격이 서로 정반대다. 그중에서 남편을 가장 힘들게 하는 것이 정리하는 습관에서의 차이이다. 보통 사람들과 다르게 남편은 완벽주의자라서 집안의 물건이 제자리에 정돈되어있지 않으면 못 견디고 부인은 어려서부터 항상 늘어놓고 사는 습관이 몸에 배어있어 부딪친다. 어쩌다 부인의 그런 습성을 참지 못하고 치우기라도 하면 부인은 오히려 찾지 못해 힘들어 하면서 화를 낸다. 그럴 때마다 서로 조금씩 양보하고 살아보자고 합의해 보지만 별로 소용이 없다. 결국 그 문제에 관한 한 다르다는 것을 인정하고 간섭하지 않고 살려고 노력하다보니 이제는 어느 정도 참을만하기는 하다. 그러나 불편이 완전히 해소된 것은 아니다. 원만한 인간관계 유지를 위해 고쳐질 수 없는 부분은 쓸데없는 잔소리 대신 인정해주는 지혜가 필요한 것 같다.

A : Where have you been, son? I know you went to the PC room again. I told you not to go there. What I say to you always 'Goes in at one ear and out at the other.'

B : I am sorry, mom. I promise it will never happen again.

두 문화속에 숨겨진
같은 의미의 속담이야기

돈

12

빈익빈, 부익부.

Money begets money.

(The rich tend to get richer.)

P양은 결혼할 때 친정 부모님으로부터 남편 모르게 종잣돈이라 하여 약간의 목돈을 받아 가지고 갔다. 그래서 이를 모두 신흥 기업의 주식에 투자하여 묻어 두었는데 훗날 아이가 유학을 가겠다고 하여 확인하였더니 몇 십 배 불어나 있었고 유학비용을 상당부분 충당할 수 있었다. 애초에 그런 가용 비용이 없었더라면 상상도 하지 못했을 것이다. 사실 부동산 경기가 좋았던 1960년대에 강남에 작은 땅을 사두었던 사람들은 신도시 건설이 한창이던 70년대와 80년대에 천문학적인 돈을 벌었다고 한다. 문제는 그날 그날 먹고 살기에도 힘든 서민들에게는 그럴 수 있는 만큼의 여유 자금이 없다는 것이다.

A : I hear that Mr. Wayne has earned a lot of money in the stock market.

B : Not many can do it, because they must have enough cash to invest first. 'Money begets money.'

황금알 낳는 거위.

The goose that laid the golden egg.

(You may become very wealthy by keeping something precious later.)

1970년대만 해도 제주도 주민이 귤나무 한 그루만 가지고 있어도 자식 하나를 서울에서 대학공부 시킬 수 있다고 했었다. 기후 관계로 우리나라에서는 귤, 바나나 등 열대과일 재배가 유일하게 제주도에서만 가능했었기 때문이다. 귤은 그처럼 대단한 재산 가치를 가지고 있었으므로 육지 사람들에게는 부러움의 대상이었을 것이다. 그러나 2000년대 농산물 수입 자유화 조치이후 귤은 더 이상 부의 상징이 아니다. 필리핀과 같은 더운 지방에서 생산한 열대과일들이 싼 가격으로 소비자들에게 공급될 수 있게 되었기 때문이다. 결국 그때 그때의 외국 그리고 국내의 여러 가지 변수에 따라 부동산, 주식 또는 금이 부를 유지하는 재산으로 평가되기 때문에 미리 정확히 예측하기는 힘들다.

A : I don't know whether I should keep the stocks which I bought two years ago. I lost a lot of money already and don't want to lose any more.

B : If I were you, I wouldn't sell them. My advice to you is not to kill 'The goose that laid the golden egg.'

돈만 있으면 귀신도 부릴 수 있다 / 황금만능.

Money makes the mare go / Money is power / Money talks / He who pays the piper calls the tune.

(Decisions are made by those who are in financial control.)

아직 미혼인 L군은 최근 꽤 탄탄하다고 알려진 중소기업에서 몇 년 근무하고 대기업으로 옮겼다. 높은 연봉 뿐 아니라 마음에 드는 배우자를 고르기 위해서는 어쩔 수 없다고 생각되었기 때문이다. 옛날 우리의 조상들은 장사하여 돈 모으는 것을 천하게 여겼었다. 그러나 황금만능주의라고 할 정도로 돈의 위력이 대단하게 인식되면서 사업가가 인기다. 그래서 대다수 유능한 젊은이들은 연봉이 높은 대기업에 취업하여 언젠가 개인사업 하는 것을 지상의 목표로 삼고 있는 것 같다. 이렇게 대기업으로만 유능한 젊은이들이 몰리다보니 내실이 있다는 중소기업들까지도 사람을 구할 수 없어 하는 수없이 외국인 근로자들을 고용해 회사를 운영한다고 한다. 실업률은 높은데 고용할 사람이 없다는 것은 아이러니다.

A : Do you know why people buy the lotto?

B : Of course, they want to get rich, because 'Money makes the mare go' / 'Money is power' / 'Money talks' / 'He who pays the piper calls the tune.'

행복은 돈으로 살 수 없다.

Money can't buy happiness.

(It is not just money which is important.)

어머니의 어렸을 때 친구 한분이 자살을 했다. 큰 회사 사장부인이 되어 비싼 외제차를 굴리면서 하고 싶은 것은 무엇이든 하고 산다고 하여 주위 사람들의 부러움을 사던 여자였는데 자살 이유에 대해 여러 가지 소문이 꼬리를 이었다. 남편의 외도 문제로 고민했다고도 하고 연하의 남자친구가 있었다고도 하였다. 세상에서 중요한 행복의 조건에 포함되는 것들이 있다. 건강, 돈, 친구라고들 한다. 이 중에서 가질수록 행복지수를 높게 하는 건강과 친구와는 달리 돈은 적당한 정도를 넘게 될 때 불행을 자초한다. 경제적 발전단계와 상관없이 소득이 일정수준을 넘으면 행복도가 높아지지 않는다는 연구도 있다.

A : Do you think money is important?

B : It is very important, but it's not all. We hear very unhappy stories with the rich. Some are indulged in illegal drugs and others in inappropriate relationship with women, for instance. 'Money can't buy happiness.'

돈이 원수다.

Money is the root of all evils.

(Money makes people miserable.)

형제간 우애가 두텁던 G씨네 가족은 재산이 많던 아버지가 심장병으로 갑자기 세상을 떠난 후 풍비박산이 되었다. 서로 더 많은 재산을 가지겠다고 하여 고성이 오고 가더니 결국 칼부림까지 생겨 감옥행을 하는 등 비극을 가져오게 된 것이다. 연암 박지원의 '황금대기'에 나오는 도둑이야기는 돈 때문에 생긴 최악의 상황을 보여준다. 무덤에서 도굴하여 얻은 황금을 세 도둑이 서로 더 많이 차지하고 싶어 한 도둑이 축하주를 사가지고 오자마자 죽였다. 그러나 그 술에는 이미 독이 들어 있었고 이를 모르고 마신 두 도둑도 마저 죽었다. 결국 황금은 우연히 길을 지나던 나그네의 차지가 되었다.

A : A famous Korean singer was caught redhanded in Las Vegas for gambling.

B : It is hard to understand why he wanted to have more money. I thought he had everything with the money he was earning. 'Money is the root of all evils.'

부자는 삼대를 못간다.

From shirtsleeves to shirtsleeves in three generations.

(It is easy for grandchildren to lose the fortune made by their parents and grandparents.)

어느 재벌 총수의 사촌동생이 자살했다는 뉴스가 있었다. 할아버지가 자수성가하여 모은 재산을 자식들에게 분배하였는데 자신의 몫을 모두 없애고 우울증에 빠져 그런 선택을 했다는 것이다. 재산을 모으는 것보다 지키기가 어렵다고들 한다. 특히 세상의 많은 부모들은 자신들이 모은 재산이나 키운 회사를 대대로 이어가려는 욕구가 강해 자식과 집안이 모두 망하는 결과를 초래하기도 한다. Microsoft회사 창업자로 세계적 재산가가 된 Bill Gates는 자식에게 어느 정도의 유산을 줄 수 있겠느냐는 질문에 다음과 같은 답을 했다고 한다. "You want to give your kids enough so that they don't have to worry, but not so much that they don't feel the need to work and contribute." 실속없는 물질적 재산보다 혼자 힘으로 살아갈 수 있는 능력이 진정한 재산이다.

A : Did you see Mr. Song, Jae-Young recently? His father and grandfather were well-known businessmen who succeeded in the car industry. He, however, lost all the fortune in the poker game.

B : That seems to be an example of 'From shirtsleeves to shirtsleeves in three generations.'

남의 돈 천 냥이 내 돈 한 푼만 못하다.

A bird in the hand is worth two in the bush / A bird in the hand is worth a hundred flying / A feather in hand is better than a bird in the air.

(Something you already have is much better than that you might get later.)

어느 노총각이 있었다. 결혼중개 회사에 등록을 하면서 자신의 능력은 고려하지 않은 채 배우자의 능력에 대해 기준을 정해놓고 기회 있을 때마다 만남의 자리를 가지려고 하였다. 결국 매번 거절을 당하는 입장이 되었다. 간혹 상대 쪽에서 연락이 오는 경우도 있기는 했지만 자신의 마음에 들지 않아 진전 없이 끝나곤 하였다. 거의 지쳐서 더 이상 만나지 않기로 하고 마지막으로 소개를 받았는데 다행스럽게도 서로 마음이 움직였고 마침내 결혼까지 할 수 있었다. 결국 자신의 마음에 드는 배우자감이 아무리 세상에 많아도 단 한사람의 연분 있는 상대를 만나지 못하면 무슨 소용이 있겠는가. 부자가 되는 현명한 투자방법에도 현재 자신만에 맞는 것을 선택해야 한다는 이 원칙이 중요시 된다.

A : People say that our economy is getting better. The unemployment rate, for example, is much lower than that a year ago.

B : But I am still out of work, though I try to find a place in a small company. 'A bird in the hand is worth two in the bush' / 'A bird in the hand is worth a hundred flying' / 'A feather in hand is better than a bird in the air.'

사흘 굶어 도둑질 안하는 사람 없다 / 목구멍이 포도청.

The devil dances in empty pockets.

(Poverty can bring a crime.)

몇 끼를 굶게 된 아이가 제과점에 들어가 샌드위치를 훔쳤다면 죄가 될까가 토론의 주제라면 의견이 갈리게 될 것이다. 죄가 된다는 주장은 아무리 배가 고파도 차라리 사정을 설명하고 당당히 얻어 먹었어야 한다고 할 것이고 죄가 안 된다는 주장은 설명을 해도 얻어 먹기는 커녕 쫒겨 나게 될 것이 분명하므로 이 경우는 생명유지를 위해 어쩔 수 없이 저지른 행동으로 면책되어야 한다고 할 것이다. 또 다른 경우는 매춘이다. 가족을 살리기 위해 했으므로 무죄라는 주장이 있다면 왜 하필이면 수많은 일중에서 매춘을 택했느냐 하는 정반대의 주장이 있을 것이다. 우리나라에서 수백만 권이 팔렸다는 Michael Sandel 하버드대학 교수가 쓴 '정의란 무엇인가?'를 생각나게 한다.

A : Young-Kook was caught by the manager in a convenience store last night, but released soon. As a matter of fact, he was stealing a loaf of bread. It seemed that he hadn't eaten any for two days straight.

B : Poor boy! 'The devil dances in empty pockets.'

악화가 양화를 구축한다.

Bad money drives out good money.

(Dealing money unfairly wins good dealing of money.)

학교 특히 대학마다 교육부 평가에서 높은 성적을 받음으로써 정부로부터 더 많은 지원을 받으려고 경쟁이 치열하다. 그래서 예를 들면 국제화 부분을 강화하기위해 가능한 한 영어강좌수를 늘이려고 하다 보니 웃지 못할 상황이 벌어진다. 국사과목을 영어로 강의한다거나 중국어나 불어같은 영어외의 외국어를 영어로 강의하는 등이다. 질은 외면하고 양에만 급급하여 생기는 코미디이다. 결국 그런 식으로 높은 성적을 받는 대학이 정부지원 덕분에 더 빠른 성장을 하게 되는 악순환이 계속된다. 이는 품질이 나쁜 화폐가 많이 나돌면 좋은 화폐는 감춰진다는 그레샴의 원칙에 비유될 수 있겠다.

A : Pharmacies must be responsible for the expensive price of drugs in our society.

B : That's true. They have paid a large amount of money to the doctors and staff members of big hospitals on the condition that they prescribe their drugs. Most of the time, 'Bad money drives out good money.'

싼 게 비지떡.

You get what you pay for.

(Higher price usually guarantees good quality.)

이번에 결혼하는 신부 H양 부모는 고민이다. 신랑 집에 보낼 예단 때문이다. 유명 핸드백에 상당액수의 현금을 보내는 사람이 많다고 하여 백화점을 돌아보고 깜짝 놀랐다. 가격이 예상보다 훨씬 비싸기 때문이었다. 백화점에서 가장 비싼 자리가 화장품이나 핸드백과 같은 여성용품 전문 점포라고 한다. 그리고 그것들은 비쌀수록 더 많이 팔린다고도 한다. 품질이 보증된다고 믿기 때문일 것이다. 그러나 값이 싸다고 반드시 물건의 질이 떨어진다고 할 수 없듯이 비싸다고 하여 반드시 질이 좋은 것이 아닐 수 있다. Royalty로 지불하는 금액이 상당하기 때문이다. 따라서 수입명품일수록 주의가 필요하다. 예를 들면 벤츠 자동차의 경우 모델에 따라 미국에서의 가격과 비교할 때 심지어 9천만원까지 차이가 나게 비싸게 책정한다고 한다. 비쌀수록 많이 팔리는 우리나라 고객 취향에 따르기 위해서라고 한다.

A : Look at this bag. I bought it last week from a street vendor and the zipper is already broken.

B : Be careful when you buy anything on the street or internet. Often, 'You get what you pay for.'

시간이 돈이다 / 촌음을 아껴 써라.

Time is money / Time and tide wait for no man.

(Don't waste your time.)

미국에서 학생비자로 공부를 하고 있는 K군은 영주권 문제를 상담하기위해 얼마 전 변호사 사무실에 전화를 걸었다. 전화를 받은 사무실 직원에게서 일단 변호사와 전화연결이 되는 순간부터 상담시간에 따라 요금이 계산되어 청구된다는 안내를 받고 다시 연락하겠다고 하고는 더 이상 진행을 시키지 않았다. 꼼꼼히 준비하여 전화 상담을 받아야겠다고 생각했기 때문이다. 사람들이 받는 급여는 능력과 시간에 의해 결정된다. 따라서 고급 인력일수록 시간당 받는 금액이 높게 책정된다. 그렇더라도 전문직 중에서도 변호사가 고액을 요구한다고 알려져 있다. 소외계층의 고통을 해소시켜 주기 위해서 문턱을 낮출 필요가 있다. 억울한 일들이 그들에게 훨씬 많기 때문이다.

A : It's been already two years since I came to Seoul to attend this university. I still do not know what I would like to do after graduation.

B : Please don't hang around doing nothing. Remember 'Time is money' / 'Time and tide wait for no man.'

두 문화속에 숨겨진
같은 의미의 속담이야기

욕심

13

나 먹자니 싫고 남 주자니 아깝고.

A dog in the manger.

(You don't want a thing, but you would rather not give it to others.)

10년 이상을 살던 집에서 작은 집으로 이사하게 되었다. 이것저것 짐을 정리하면서 버릴 것들을 정리하였으나 특히 옷가지들에서 아직도 한참을 처분해야겠다는 생각이 들었다. 대부분 많이 아꼈던 것들이지만 이제는 몸이 변하여 맞지 않기 때문이었다. 지니고 있어봤자 소용이 없는데도 버리기에는 아까워 망설이고 있을 때 곁에서 도와주던 딸이 버린다고 생각하지 말고 꼭 필요한 누군가가 잘 입을 것이라는 생각만 하고 과감하게 정리하라고 충고하였다. 맞는 말이다. 그래서 나는 필요하지 않지만 정말 필요로 하는 사람이 있을 것이고 그래서 아까울 것이 없다고 생각을 바꾸기로 하였다. 옛 후한시대에 조조가 "계륵(鷄肋)", 즉 닭갈비를 가리켜 뜯어먹을 살이 없으나 버리기에는 아깝다며 유비진영의 제갈량이 확보한 한중땅에 미련을 가진 적이 있었다고 한다.

A : This plate is **'A dog in the manger.'** I bought it a long time ago when I was visiting London, but I don't need it any more.

B : Don't be stupid! Give it away. What you don't need is not yours anymore.

남의 떡이 더 커 보인다 / 놓친 고기가 더 커 보인다.

The grass is always greener on the other side of the fence.

(What another person has always appears to be much better than one's own.)

어린아이 몇 명에게 여러 가지 장난감을 놓고 골라보라고 하였다. 뽑기를 하여 가장 먼저 선택권을 가진 아이가 우선 고르도록 하는 식으로 진행되었는데 모두들 자신이 고른 것 보다 다른 친구가 고른 것에 더 관심을 가지고 주시하면서 영 만족해하지 않는 상황이 연출되었다. 심지어는 다른 친구가 가진 것을 가리키면서 가지겠다고 떼를 쓰기도 하여 서로 합의하에 바꾸어 가지게 해보았다. 그러자 다시 자신이 골랐던 것을 아쉬워하는 모습이었다. 아마도 이러한 상황은 계속 반복될 것이다. 한편 어쩌면 이런 종류의 불만이 발전의 원동력인지 모른다.

A : Mr. Kim seems to be in an excellent position with a high salary and a comfortable workplace.

B : I agree, but he doesn't seem to think so, because 'The grass is always greener on the other side of the fence.' He envies you.

말 타면 종 두고 싶다 / 행당 빌리면 안방까지 든다 /
물에 빠진 놈 건져놓으니 봇짐 내라한다.

Give him an inch, and he will take a mile.

(The more s/he has, the more s/he wants.)

A사는 직원이 몇 만명이나 되는 큰 회사이지만 사장이 직원 면접에 반드시 참여한다. 사명감이 얼마나 투철하고 잠재적 능력이 어느 정도인지를 직접 확인하기 위해서이다. 그는 해마다 되풀이되는 회사 노조의 극단적인 요구에 시달려 진정으로 회사발전을 위해 노력할 인재선발의 중요성을 누구보다도 잘 알고 있다. 지원할 때는 모두가 예외 없이 급여를 포함하여 모든 근로조건에 만족하고 있으니 채용만 해달라고 머리를 조아린다. 그러나 얼마 지나지 않아 회사에 대한 불만을 말하기 시작하고 요구의 강도는 점점 높아진다. 자신이 속한 회사의 사정은 감안하지 않고 다른 회사의 연봉이 훨씬 높다거나 복지혜택이 더 많다거나 휴가가 많다거나 등 계속해서 무조건적으로 자신의 권리를 더 찾아야 한다고 생각하기 때문이다.

A : I don't know if I should buy him that expensive computer game. He says it will be the last.

B : Believe it or not, 'Give him an inch, and he will take a mile.' That's human being's nature, so don't pay attention to what he requests.

하지 말라면 더 하고 싶다.

Forbidden fruit is sweet.

(The more restrained we are, the more we want.)

청소년층의 흡연율이 점점 높아진다는 조사발표가 있었다. 2008년 질병관리본부 자료에 따르면 전체 청소년 흡연율은 중학생 8%, 고등학생 17.8%였다. 젊은 여성들의 흡연율도 점차 높아져서 더욱 걱정이라고 한다. 왜냐하면 임산부의 흡연이 기형아를 출산할 가능성을 크게 높이기 때문이다. 건강에 대한 관심이 높아지면서 성인 남자들은 금연을 하느라 야단인데 심지어 초등학교 아동들까지 흡연을 하는 현상은 대체로 제재에 따른 호기심 충족욕구에서 나오는 것 같다. 사춘기 때 가장 활발한 그러한 호기심 뿐 아니라 동참하지 않으면 또래 친구들로부터 외면당할지 모른다는 두려움도 가세되었을 것이다.

A : Let's watch a movie, Bangjajun, this weekend.

B : I am sorry, we cannot. It's a kind of X-rated movie. However, 'Forbidden fruit is sweet,' especially to the adolescents like us.

밑 빠진 독에 물 붓기.

The beggar's wallet has no bottom.

(There seems to be no ending in our materialistic desire.)

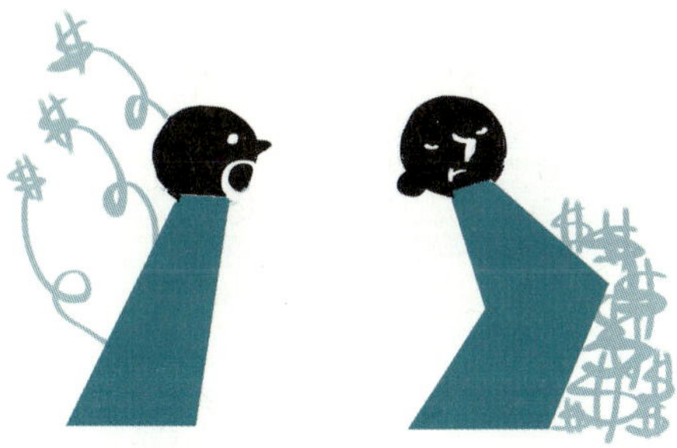

R씨 부인은 교사로 8월에 은퇴다. 남편이 2년 전 연금으로 받기로 하고 은퇴하였기 때문에 아직 집 대출금으로 빌린 돈도 남아 있어서 한번에 퇴직금으로 받을까 고민했었다. 그러나 주위에서 연금이 나을 것이라고 말려 그렇게 하기로 하였다. 그동안 퇴직금을 목돈으로 받은 사람들이 자식들이 어려울 때 내놓곤 하여 빈털터리가 된 경우가 많다고 하였다. 부모님에게 현금이 있는 것을 알게 되면 어떻게든 빼가고 만다는 것이다. 자식이 힘들어할 때 가만히 지켜보고만 있을 부모가 있겠느냐고 하면서. 그런데 아무리 보태도 끝이 안 보이는 경우가 자식의 일일 때가 많다고 한다. 자식들의 자립심을 키워주기 위해서도 연금이 답인 듯싶다.

A : I am in trouble. My son runs an IT business which is on the verge of bankruptcy. It's the third time already. I am afraid that I may be running out of all my savings.

B : You must stop helping him any more. 'The beggar's wallet has no bottom.'

그림의 떡 / 못 오를 나무는 쳐다보지도 마라.

Pie in the sky / Don't bite off more than you can chew.

(It's better for you to wish for things you can accomplish.)

한국전쟁 때 월남하여 성공한 부산의 어느 중소기업 사장이 거액을 기증하여 재단법인을 설립해서 화재다. 분야별로 매년 우수한 학자 5명에게 각각 일억원씩의 상금을 주고 있는데 한 학자가 수상소감에서 7남매 중 유일하게 대학을 다니기 위해 외딴섬을 떠나오면서 무수히 반짝이는 서울의 불빛을 보며 꿈을 가졌었다고 했다. 그리고 그 꿈이 마침내 실현되어 가슴이 뛴다고 하였다. 막노동으로 일당을 벌어 단칸방에 세 들어 사는 가장도 자식들에 대한 커다란 꿈이 있고 기적은 일어날 수 있다는 믿음이 있어서 열심히 일할 수 있을 것이다. 그러나 누구나 최고가 될 수는 없다. 지나치게 허황된 꿈은 건강을 잃어버리게 할 수도 있고 도박과 같은 위험한 행동을 유발할 수 있으므로 조심해야 한다.

A : Hey, look, isn't that new car very attractive? I wish I could have one.

B : Wake up, it's just a 'Pie in the sky.' 'Don't bite off more than you can chew.' You need a place to live, first of all.

뱁새가 황새 따라가면 다리가 찢어진다.

You must cut your coat according to your cloth.

(You must live on what you can afford.)

남들이 하면 나도 할 수 있다고 생각하고 분별없이 살다가 빚더미에 앉는 경우가 많다. 아파트 청약에 신청, 당첨되어 은행에서 대출받아 계약금과 분납금을 납부하다가 아파트값 폭락으로 늘어나는 이자를 감당하지 못해 가지고 있던 집마저 경매처분으로 잃어버린 사람, 주식에 투자하여 거액을 벌 수 있다는 생각에서 빚으로 주식을 샀다가 어마어마한 손해를 본 회사원, 친구들이 명품가방을 들고 다닌다고 자기도 몰래 부모님의 신용카드로 구입했다가 몸까지 판 철부지 여대생까지 욕심의 끝은 없는 것일까? 노자는 일찍이 '만족할 줄 모르는 것이 가장 큰 재앙이고 한없이 얻으려 하는 것이 가장 큰 허물이다' (화막대어부지족<禍莫大於不知足>)라고 했다. 이 세상에서 가장 행복한 종족은 밀림에서 공동생활을 하는 아마존의 원주민이 아닐까 싶다.

A : Mom, can you buy me a brand shoulder bag for my birthday?

B : No, I can't. Our large family of six lives on your dad's small paycheck, as you know. 'You must cut your coat according to your cloth.'

기지도 못하면서 뛰려고 한다.

You have to learn to crawl (walk) before you can walk (run) / One must crawl before he walks.

(You have to follow steps to accomplish something.)

대부분 대기업을 선호하지만 작은 회사에서 근무를 시작하려고 하는 젊은이도 있다. 처음부터 큰 돈을 벌다가 올라갈 곳이 없어 나와야 하는 직장보다는 아래에서부터 차례로 올라가는 것이 기초를 단단히 할 수 있다는 것을 알기 때문이다. 즉 40대 중반인 한참 나이에 벌써 회사에서 퇴출되어 실직자가 되기보다는 작은데서 능력을 키운 후 큰 회사에 중견사원으로 스카웃 될 수 있다면 자신이 하고 싶은 일을 늦게까지 할 가능성이 높다. 실제로 동네 뒷산을 오르며 훈련하지 않고는 높고 험한 산에 오를 수 없고 단거리 달리기 연습 없이는 마라톤에 도전할 수 없을 것이다.

A : Can I try butterfly now? I have been hoping to learn it for a long time.

B : You started swimming just last week. You need to learn crawl and backstroke first. Don't you know, 'You have to learn to crawl (walk) before you can walk (run)' / 'One must crawl before he walks'? There are steps to follow to reach somewhere.

소탐대실 / 노적가리에 불 지르고 싸라기 주워 먹는다 / 한 푼 아끼고 열 냥 잃는다.

Penny wise and pound foolish / See the forest, not trees.

(If you pay too much attention to small things, you'll lose something more important.)

내 친구 인숙이는 아무리 생각해도 이해가 안 될 때가 있다. 어제는 집에 함께 가다가 자기는 들를 곳이 있다며 먼저 가라고 하여 헤어졌다. 나중에 알고 보니 가는 도중에 있던 은행은 거래은행이 아니어서 수수료가 빠져나가기 때문에 꽤 멀리 떨어진 곳에 위치한 거래은행까지 들러 가느라 그랬다는 것이다. 그 시간만큼 빨리 가면 몸도 덜 피곤하고 공부할 시간도 더 많아 진다는 것을 생각 못하고 수수료 몇백원이 아까워 그런 어리석은 결정을 했던 것이다. 좀 더 현명해질 필요가 있을 것 같다. 눈앞의 작은 이익에 매달려 훨씬 더 큰 것을 잃어버리는 실수를 범하지 않기 위해서이다.

A : I can't decide if I should sell the stocks.

B : You should. You already made 15% profit. You might lose all sooner or later. You tend to be 'Penny wise and pound foolish.' 'See the forest, not trees.'

공수래 공수거.

You can't take it with you / Come empty, return empty.

(Material possessions mean nothing when you are dead.)

여행을 좋아하여 세계의 오지를 다니며 값진 경험을 하고 이를 책으로 출판한 어느 여행가가 배낭여행을 하고 나서 배우게 된 값진 교훈은 자신이 얼마나 필요하지 않은 것들을 많이 지니고 사는가 이며 그래서 여행가방을 챙기거나 물건을 구입할 때 그것들이 진정으로 필요한 것인지를 깊이 생각한 후 결정하게 된다고 하였다. 우리나라에도 훌륭한 가르침을 준 큰 스님들이 많다. 모두 무소유를 실천하며 깨달음에 도달하기 위해 고행한 분들이다. 쓸데없는 욕심은 엄청난 화를 부를 뿐이다. 요정이 어느 남자에게 소원 한가지를 말하라고 했는데 돈, 여자, 결혼 세 가지를 한꺼번에 읊었고 그는 결국 돈여자와 결혼하게 되었다는 요술램프 이야기도 있다.

A : Honey, do you think I should take this dress, too?

B : Please don't. Throw everything away except those you really need when you pack things for moving. Why do you want to keep such things as you would never use during your life time? Anyway, 'You can't take it with you' / 'Come empty, return empty.'

두 문화속에 숨겨진
같은 의미의 속담이야기

교육

14

배움에는 왕도가 없다.

There's no royal road to learning.

(To learn something new is always difficult.)

그림에 많은 관심을 가진 두 아이가 있었다. 한 아이는 화가인 어머니의 관심으로 어려서부터 여행, 전시회 관람, 그리기 등을 꾸준히 하여 마침내 유명한 화가로 성장하였다. 그러나 또 한 아이는 그러한 기회를 가지지 못했고 오히려 중도에 학업을 중단하게 되었다. 조그마한 회사에 취직하여 간신히 굶지 않고 살아갈 수 있게 되었을 뿐이다. 이렇듯 아무리 특정분야에서 재주를 가지고 있다하여도 꾸준히 개발하려고 노력하지 않는 한 무용지물이 될 가능성이 높다. 천재는 99%의 노력과 1%의 재주로 만들어진다는 옛말이 있지 않은가?

A : I know well that Namki is a frequent cheater in school. I am thinking about reporting him to our homeroom teacher.

B : You should. The sooner, the better. He must realize that 'There's no royal road to learning.'

배움에서 나이는 숫자에 불과하다.

No one is too old to learn.

(You're never late to learn.)

D양은 지난 3년을 엄마와 함께 같은 고등학교에 다녔다. 집안사정으로 중학교까지 다닌 엄마가 공부를 못한 것이 한이 된다며 입버릇처럼 말씀하셔서 아빠와 자식들이 제안을 하여 시작한 공부였다. 마침내 자랑스럽게 딸과 나란히 졸업식장에서 졸업장을 받게 된 것이다. 해마다 졸업시즌이 되면 60대 또는 70대인 할머니, 할아버지가 검정고시에 합격하여 주위 사람들을 놀라게 하는 일이 심심치 않게 있다. 그러한 공식적인 경로를 통한 교육이 아니더라도 인간이 생존한다는 것은 항상 배운다는 것을 의미할 것이다. 친구나 동료, 선배, 신문이나 텔레비전같은 매스컴, 그리고 좋은 책을 통해서 늘 무언가를 배우기 때문이다.

A : A news report says that a grandmother and her grandchild have graduated from the same university.

B : I read it, too. It seems that 'No one is too old to learn.'

아는 것이 힘이다.

Knowledge is power.

(It is very important to know a lot.)

영진씨는 중학교 영어교사다. 어렵게 교사임용시험에 합격하여 3년 전 공립학교에서 교사생활을 시작하였는데 중학생들 영어만 가르치다보니 스스로 중학생 실력으로 퇴보하는 느낌이 들어 교육대학원에서 재교육을 받기 시작하였다. 대학에서 공부만 할 때보다 수업을 통해 자신이 필요한 지식을 배우면서 대학원에 다니는 다른 동료 교사들과 가르치는 문제를 가지고 토론하는 등 보다 현실적인 것들을 다루다보니 공부를 즐기고 있다. 맹목적으로 외우던 과거의 공부습관에서 벗어나 학생들에게도 암기보다는 실생활과 연관된 수업을 적용하려고 노력하고 있고 그것이 창의력 개발에 도움이 되는 것 같아 보람을 느끼고 있다.

A : Ms. Chung is always busy taking courses in the life-long education center.

B : You know what? That's because she realizes 'Knowledge is power.' She seems to be afraid of being left behind in this fast changing society.

우물 안 개구리 / 큰 고기는 큰물에서 놀아야 한다.

A big fish in a little pond / The frog in a well / Big fish are caught in a big river.

(Big fish should not be left in a little pond.)

흔히 도시학교에서 뒤쳐져 낙오자로 지내는 것보다 시골학교에서 상위권을 지키며 자신 있게 사는 편이 낫다는 말이 있고 일리 있는 말이다. 그러나 조수미가 오페라의 도시인 이탈리아로 갔기 때문에 유명한 성악가가 된 것처럼 잠재적 능력이 있는 아이들에게 경쟁자들과 경쟁을 할 수 있게 기회를 만들어준다면 성공 가능성이 높다. 교육열이 높은 한국의 부모들이 자식교육을 위해 이사를 다니는 모습은 이러한 이유에서일 것이다. 심각한 사회문제를 야기시키는 요인이 되기도 하지만 한국을 세계 경제대국으로 만든 원동력이 되었다는 긍정적 평가도 만만치 않다. 미국의 오바마 대통령이 대중연설에서 여러번 칭찬을 아끼지 않은 적도 있었다.

A : I don't know what to do with my son. He seems to be very talented in music. Do you think I have to send him to Europe to make him compete with other talented kids?

B : I definitely think so. 'Big fish are caught in a big river' 'A big fish in a little pond' / 'The frog in a well' would not grow big enough.

매를 아끼면 아이를 망친다 / 미운자식은 떡 하나 더 주고 귀한 자식은 매하나 더 준다.

Spare the rod and spoil the child.

(Children should be disciplined.)

C군은 전철에서 불쾌한 경험을 하였다. 낮 시간대라 승객이 별로 없어 모두 앉아있었는데 젊은 엄마와 함께 탄 서 너 살짜리 남자아이가 이 끝에서 저 끝까지 뛰어다니며 시끄럽게 떠드는데도 자제를 시키기는커녕 같이 떠드는 것이었다. 한참을 참다가 한마디 주의를 주었더니 왜 아이 기죽이느냐며 오히려 항의를 했다. 불란서 부모들은 전통적으로 국가를 대신하여 자녀교육을 한다는 생각을 가지고 있다고 한다. 이는 기본적으로 시민의식을 가진 국민으로 키운다는 것을 의미하고 공공장소에서 꾸지람을 하여도 교육을 제대로 하기위한 선택이라고 생각하여 자연스럽게 받아들인다고 한다. 학생의 인권을 침해한다고 하여 이제는 학교에서 체벌이 금지되어 있다. 의견이 분분하다.

A : Corporal punishment was once a hot issue in school. But any kind of corporal punishment is now prohibited by law.

B : People used to say 'Spare the rod and spoil the child.' Often children were abused by corporal punishment, though.

백문이 불여일견.

One picture is worth a thousand words / Seeing is believing / The proof of the pudding is in the eating.

(Visual images or direct experiences are far more effective than learning from simple words.)

국사시간에 신라시대에 대해 배웠다. 교과서에 석굴암, 첨성대, 불국사 등 사진과 삽화가 실려 있었지만 실제로 어떤 모습일지 알고 싶어 주말을 이용하여 부모님과 함께 경주를 다녀오기로 하였다. 안내자의 설명을 들으면서 실물을 감상할 수 있었다. 경덕왕 때인 아득한 옛날에 어떻게 그런 과학적인 불교 예술품들이 만들어져 오늘날까지 보존될 수 있었을까 신기하기만 하였다. 한편 일본인들의 문화재 훼손과 약탈에 대해서도 알게 되었고 참을 수 없는 분노가 치밀었다. 앞으로도 가능하면 시간을 내어 직접 찾아다니며 교과서 학습내용을 확인해보기로 하였다. 직접 눈으로 확인할 수 있는 내용이라면 시간과 돈이 들더라도 찾아가는 학습 방법이 가장 효과적임을 알았기 때문이다.

A : I am going to Italy this summer.

B : Oh, good. You'll be able to see many ancient historical places which you learned in the world history textbook. 'One picture is worth a thousand words' / 'Seeing is believing' / 'The proof of the pudding is in the eating.'

초년고생은 사서도 한다.

Experience is the best teacher.

(Try to have as much experience as possible especially while still young.)

젊은이들이 여름방학을 이용하여 해외로 배낭여행을 많이 떠난다. 간편하게 최소의 필요한 짐을 배낭에 짊어지고 언어와 문화 등 다양한 경험을 쌓기 위하여 혼자 또는 여러 명이 함께 여행을 다녀온다. 건강과 모험심이 없으면 할 수 없기 때문에 취업에도 큰 도움이 된다고 한다. 한편 어느 종합병원의 젊은 의료진들이 일 년에 한 번씩 명절연휴를 반납하고 낙후된 아프리카 지역으로 자비를 들여가며 자원봉사를 다녀온다는 보도는 가슴 뭉클한 감동이다. 젊어서의 이러한 값진 경험들이 자신의 성장과 발전 뿐 아니라 궁극적으로는 국가홍보 및 발전에도 크게 기여하게 될 것이다.

A : I always encourage my students to travel as much as possible while in college.

B : I do, too. 'Experience is the best teacher.'

자라보고 놀란 가슴 솥뚜껑보고 놀란다 / 더위 먹은 소 달만 봐도 헐떡인다.

Once burned (bitten), twice shy / A burnt (burned) child fears (dreads) the fire.

(Experience teaches caution.)

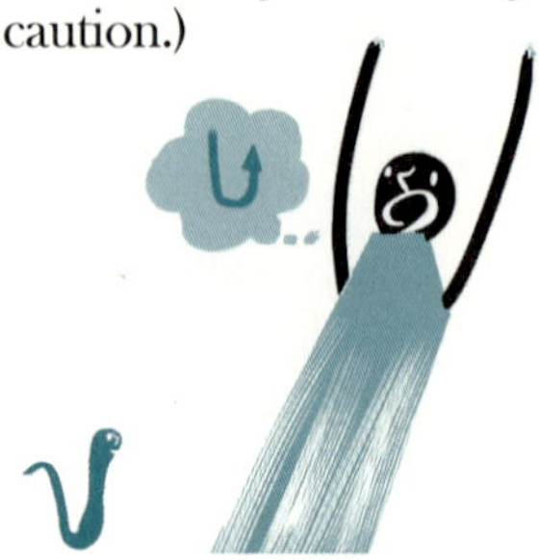

기어 다니거나 날라 다니는 것을 보면 놀라서 소리를 지르는 아이가 있었다. 어머니 말이 어렸을 때 시골에 갔다가 바퀴벌레를 보고 놀란 적이 있는데 그 후부터 그렇다고 한다. 또 어떤 아이는 수영장이나 바다 등 물을 두려워했다. 여름에 해변에 갔다가 파도에 휩쓸려 목숨을 잃을 뻔한 적이 있다고 하였다. 그때부터 물만 보면 가슴이 두근거리기 시작한단다. 어려서 집안의 친척 관계에 있는 성인 남자로부터 성적학대를 받은 여자아이가 평생 세상의 모든 남자를 경계하며 사는 경우도 있다. 겁이 더 많고 적고의 차이가 있기는 하지만 인간을 포함하여 모든 생명체는 직접 경험을 통하여 가장 확실하게 경계의 대상을 배운다. 그러나 경계가 지나치면 정신과적 치료가 필요한 심각한 질병으로 발전할 수도 있다.

A : Why don't you try this cable car to the top of the mountain?

B : I have acrophobia. I fell down from a tree when I was young. Since then I have been afraid of going up above a certain height. 'Once burned (bitten), twice shy' / 'A burnt (burned) child fears (dreads) the fire.'

모로가도 서울만 가면 된다.

All roads lead to Rome.

(There are many ways to reach somewhere.)

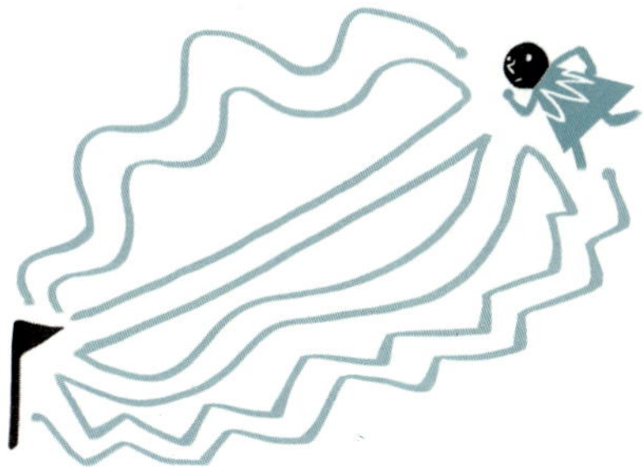

민아양은 최근에 운전면허를 받았지만 내비게이터 덕분에 길을 찾는데 겁이 안 난다. 친절하게 길을 안내해주기 때문이다. 신기한 것은 목표지점을 입력하면 몇 개의 선택권을 주고 지정하라고 한다. 단순한 거리로만 계산하면 간단하겠지만 도로 교통상황에 따라 변수가 많기 때문에 스마트폰 또는 운전자의 경험으로 그 시간에 교통 혼잡도를 고려하여 선택할 수 있도록 기회를 주는 것이다. 한편 산에서 길을 잃었을 때는 어떻게 해서든 정상으로 올라가라고 한다. 그래야만 자신이 올라온 방향의 길을 찾을 수 있고 되짚어 내려가면 되기 때문이다. 길을 예로 들었지만 한 가지 답을 유도하도록 가르치는 결과중심의 주입식 교육은 보다 이상적인 학생들 스스로 찾도록 기회를 주는 과정중심의 교육방법에 역행하는 것이다.

A : Is there only one way to solve this math problem?

B : Of course, not. Please try to find one for yourself. 'All roads lead to Rome.'

문은 무보다 강하다.

The pen is mightier than the sword.

(Academic excellence is more powerful than physical power.)

초등학교 때 같은 학급에 체격은 작고 잘 생기지도 못했으며 가정형편도 어려워 허름한 옷을 입고 다니는 친구가 있었다. 학기 초에는 주위에 친구도 없고 늘 혼자 다니곤 했다. 그런데 주요과목인 국어, 수학, 과학, 영어시간에 어느 누구도 추월할 수 없이 두각을 나타냈다. 예를 들면 책읽기를 좋아하여 지식이 풍부하였고 스스로 시를 직접 써서 낭송도 하였으며 어려운 국어문제도 쉽게 푸는 재주를 가지고 있었다. 그래서 점점 누구도 그 아이를 무시하기는커녕 아이와 가까워지려고 하였다. 건장하고 힘센 친구들 역시 그 아이 앞에서는 양처럼 순해져 공부와 관련된 도움을 청하곤 했다. 역사적으로도 무관보다는 문관이 일반적으로 대접받는 경우가 많았었다.

A : A friend of mine is in jail for knocking down a man on the street and breaking his arm. As a matter of fact, the man made my friend get very mad somehow at first.

B : Your friend should have confronted the man verbally rather than using physical force. In this case, 'The pen is mightier than the sword.'

두 문화속에 숨겨진
같은 의미의 속담이야기

인격

15

천재와 바보는 백지 한 장 차이이다.

From the sublime to the ridiculous is but a step.

(There is little difference between geniuses and idiots.)

동수는 학교에서 외톨이다. 성적부진아로 매일 방과 후에 특별학급에서 방문 대학생 형들에게 지도를 받는데도 별 성과가 없다. 수업시간에는 시도 때도 없이 엉뚱한 질문을 하여 수업 진행에 차질을 가져오는 일이 많다. 대부분 무시되고 야단맞기 일 수다. 수업에 흥미가 없어 딴 생각을 하는데 딱 한 과목에서는 그렇지 않다. 과학이다. 선생님은 무조건 외우라고 하지만 문제를 보면 과정이 그려지고 엉킨 실타래가 풀리듯이 답이 나온다. 사람마다 강점이 모두 있다. Einstein이나 Newton 같은 세계적으로 뛰어난 과학자도 어려서 학교에서는 저능아로 취급되었을 정도로 학습지진아였다는 일화도 있다. 실제로 천재 물리학자 Hawking박사는 자신이 여덟 살때까지 글을 제대로 쓰지도 읽지도 못한 지진아였다고 토로했다. 최근 서울의 한 상위권 대학 수시모집에서 고교내신 9등급 중 8등급에 속한 어느 지방 고등학생이 합격해 화재다. 곤충연구에 빠져 파브르를 꿈꾼다고 했다.

A : A gagman on television confessed that his school grades were almost at the bottom. But to me he is very smart, making everybody laugh all the time.

B : I think how well someone does in school and what s/he really is could be different. It seems 'From the sublime to the ridiculous is but a step.'

굼벵이도 구르는 재주는 있다.

Even a blind dog occasionally picks up an acorn.

(Anyone, even a disabled person, can achieve something.)

기영씨네 네 형제 중 셋은 똑똑하여 유명한 과학 고등학교를 거쳤는데 무슨 이유인지 기영씨는 태어날 때부터 돌연변이다. 사고능력이 뒤떨어져 정상적인 학교생활을 할 수 없어서 특수학교에서 공부를 해야 했다. 사회생활에 적응할 수 있도록 기술과목 중심으로 가르치는 학교였다. 그런데 기영씨는 거기에서 특별히 어린아이 장난감을 만드는데 있어서 제법 손놀림이 빠르고 창의성까지 보여주어 주목을 받았다. 졸업 후 장난감 제조회사에 취직하였고 혼자 독립하여 살 수 있을 만큼 수입도 있어 가족들의 걱정을 덜어주었다. 인간은 누구나 한 가지 재주는 가지고 태어난다고 한다. 자녀가 학교생활에서 정상의 범위밖에 있을수록 부모의 예리한 관찰과 노력이 필요하다. 미리 적절히 대처하여 홀로 설 수 있게 해주기 위해서이다.

A : My son is too lazy to do anything. He wakes up around noon and goes to bed almost the next morning. I don't know what he will do in the future.

B : Don't worry. 'Even a blind dog occasionally picks up an acorn.'

지렁이도 밟으면 꿈틀한다.

Even a(n) (earth)worm will turn.

(Even the most humble will strike back when mistreated beyond a certain point.)

평소에 조용하고 착하기만 한 창수군은 아버지가 일찍 돌아가시고 홀어머니를 모시고 살고 있었다. 그런데 어느 날 옆자리에 앉은 다른 친구가 무언가에 화가 났는지 '애비없는 후레자식이...' 하며 소리를 질렀다. 순간 창수는 갑자기 자리에서 벌떡 일어나더니 사정없이 주먹을 날렸고 그 친구는 결국 피를 흘리며 쓰러졌다. 화도 낼 줄 모르는 아이로 알고 있던 다른 친구들이 모두 놀랐다. 결국 Achilles 건이 건드려진 것이다. 평소에 거의 화를 내는 일없이 착하기만 한 사람을 빗대어 '무골호인'이니 '부처님 가운데 토막 같다'느니 한다. 그러나 결코 그렇지 않다는 것을 경험하고 놀라곤 한다.

A : I didn't know Tom was that hot-tempered. He has been such a quiet man, but he got very mad when I told him about his runaway sister the other day.

B : 'Even a(n) (earth)worm will turn.' We should always think before acting.

평양감사도 제가 원해야 한다.

You can lead a horse to water, but you cannot make him drink.

(You cannot force people to do what you think is good for them.)

내노라하는 두 대기업 사장이 합의를 하여 자녀를 정략결혼 시켰다. 모두가 부러워할 정도로 화려한 결혼식을 하였고 아이도 낳고 행복한 가정을 이룬 것으로 생각했는데 어느 날 이혼했다는 보도를 접하고서야 둘 사이에 큰 문제가 있었음을 알게 되었다. 옛 부터 자식이기는 부모는 없다고 하였다. 나라의 경제를 이끌어간다는 어느 대기업 회장이 세상에서 아무리 노력해도 안 되는 서 너가지 일이 있는데 그중의 하나가 자식이라고 하였다고 한다. 아마도 모든 부모들의 거의 공통된 의견이리라. 자식만은 부모들의 바람대로 만들 수 없는 경우가 대부분이다. 바른 길로 나아갈 수 있도록 잡아주고 다독여주는 역할이 필요할 뿐이다. 맹자의 어머니도 자식이 보고 배울 수 있게 세 번 이사한 것으로 후세 모든 부모들에게 교훈을 남겨주었다.

A : I'm really worried about my daughter, because she doesn't listen to me saying that she wants to be an actress after majoring in acting in college.

B : You'd better leave her alone. You might be able to force her to choose a major of your choice, but you would not make her succeed in it. You know, 'You can lead a horse to water, but you cannot make him drink.'

빛 좋은 개살구 / 겉 다르고 속 다르다.

All that glitters (rings) is not gold (bell) / Don't judge a book by its cover.

(The appearance of a thing or a person can be deceptive.)

개인의 인권이 무시되었던 2000년대 초반까지만 해도 학교 생활기록부에 가정환경 란이 있어 부모의 직업, 학력 등을 기재하게 되어 있었고 개인 신상 란에는 키, 몸무게 등도 기입해야 했었다. 그러나 이제는 인권 침해라고 하여 법적으로 못하게 하고 있고 취업원서에서도 이런 항목들을 모두 삭제하도록 하고 있다. 그러한 사항들이 개인의 능력을 평가하는데 크고 작은 영향을 미칠 수 있기 때문이다. 암을 극복하지 못하고 56세에 홀연히 세상을 떠난 Steve Jobs는 미혼모에게서 태어나 대학을 중태한 정도의 학력이 모두인데도 computer 혁명을 가져온 애플의 최고경영자였다. 소위 일류학교를 졸업했어도 쳐지는 사람은 있게 마련이고 이런 저런 이유로 일반 학교를 나왔거나 아예 학교교육을 받지 않았어도 얼마든지 우수한 인재는 있을 수 있다.

A : Did you review all the documents of those who applied to your company?

B : Yes, but I have difficulty finding one right person. Many of them have good education and references, but I know for sure that 'All that glitters (rings) is not gold (bell).' It is advised, 'Don't judge a book by its cover.' Interview seems to be important.

작은 고추가 맵다.

The best (good) things come in small packages / Small is beautiful.

(Small things can be of great value.)

옛날에 창경궁 문 앞에 문지기로 거인을 세워놓은 적이 있었다. 190㎝ 정도의 키에 마른 체형의 남자였는데 비정상적인 사람으로 간주되었기 때문에 방문객들에게는 또 하나의 구경거리였다. 농구선수뿐 아니라 수영선수 중에도 2m를 넘은 장신들이 많고 키가 커야 훌륭한 선수가 될 수 있다고 생각되는 오늘날의 기준과는 전혀 달랐다고 할 수 있다. 한편 운동선수는 예외로 하더라도 키나 체격이 큰 것과 성공의 가능성과는 대체로 무관하다. 오히려 싱겁게 허우대만 크다고 옛 어른들은 무시하기까지 했다. 작아도 균형 있게 단련된 사람이 더 야무지게 보일 때가 많다.

A : These days most actors and actresses are thin and tall. It seems to be extremely difficult for those who are not to succeed in that circle.

B : But currently the most famous female entertainer is one who is fat and short. Sometimes, 'The best (good) things come in small packages' / 'Small is beautiful.'

개천에서 용 나다.

From rags to riches.

(A person from humble origin can become very successful later.)

한국이나 중국 부모들의 자녀 교육열은 타의 추종을 불허해왔다. 아마도 가장 큰 이유가 신분 상승인 것 같다. 비록 부모세대에서는 하류층 부류에서 고생을 했지만 자식들은 교육을 받고 경쟁에서 이기기만 하면 하루 아침에 상류층으로 올라갈 수 있다고 믿어왔기 때문이다. 그런데 교육을 통한 신분상승도 점차 힘들어지고 있다. 교육의 혜택을 받기위해서는 이미 어느 정도의 신분이 보장되어 있어야 하기 때문이다. 한편 일본은 선진국인데도 신분은 타고난 것이고 교육이 바꿔놓을 수 없다고 여기는 폐쇄적 국가라고 알려져 있다. 그러나 대부분 대대손손 가계를 이어가면서 한 가지 일에 종사하기 때문에 장인정신이 남다르다고 한다.

A : Prof. Bak was awarded a national scientist award. He has published many articles in the world-famous science journals. I recently found out that he was from a remote island near the North Korea territory.

B : It is a case of 'From rags to riches.' I hope there will be many more scholars like him in the future.

미는 내면에서 나온다.

Beauty is only skin-deep.

(Beauty comes from the soul.)

외모가 뛰어나 모든 이의 부러움을 사기 쉬운 인기 연예인들 간의 결혼생활이 많은 경우 파행으로 끝나는 것을 보면 평범한 외모를 가진 사람들이 일반적으로 가정생활에서 더 행복한지 모른다. 그러나 결혼적령기의 남녀에게 배우자의 조건을 물으면 여성은 대체로 재력과 직업, 남성은 외모라고 답변한다고 한다. 그만큼 남성들은 대체로 상대의 내면적 아름다움보다 한눈에 반할만큼 외모가 눈에 띄는 여성에 우선 매력을 느끼는 성향이 강하다고 할 수 있겠다. 그러나 진한 백합꽃 향기보다 은은한 향의 후리지어나 차라리 향이 없는 들꽃이 더 아름답다. 결혼결정을 하기 전 서로가 오랜 기간의 만남을 통하여 진정한 내면에서 풍기는 매력을 느낄 수 있을 때까지 기다리며 지켜보는 인내와 지혜가 필요할 것이다.

A : Korea is unfortunately very well known for plastic surgery. Many young women look very much alike either on TV or on the street.

B : It seems that they don't know what being beautiful really means. 'Beauty is only skin-deep.'

미인박명.

Smoke (Fire) follows beauty.

(Beauty and luck seldom go hand in hand.)

예전에 영화계에서 미인으로 이름을 날렸던 미국의 리즈 테일러나 우리나라의 김지미와 같은 여배우들은 한결같이 결혼과 이혼을 수차례씩 하면서 일반인들의 입에 오르내렸다. 이들의 예가 아니더라도 미인은 팔자가 사납다는 옛말이 있어왔다. 경제적으로 여유있는 뭇 남성들의 환심을 사게 되어 한 남자와 평생 해로하기 어렵고 그래서 불행하게 될 가능성이 높다는 뜻으로 풀이되었다. 클레오파트라의 코가 한 치만 낮았더라도 세계 역사가 바뀌었을 거라는 우스개 소리도 있었다. 또는 지나치게 자신의 외모에 자신감을 가지고 있어 능력개발을 위한 노력을 게을리 하기 쉽다는 해석도 있을 수 있다. 그러나 미인 중 행복한 가정생활과 사회생활을 동시에 누리는 사람들도 많다. 외모만큼 지성과 인격에서도 뒤지지 않도록 하는 노력이 병행되어야 할 것이다.

A : There is a rumor that Hyuna, a famous actress, got divorced again, the third time.

B : 'Smoke (Fire) follows beauty.' She might not live a long happy life.

가장 무서운 적은 자신이다.

Every man is his own worst enemy.

(One has more to fear from his/her own behavior than from others.)

익명의 어떤 사람이 철도국장에게 돈과 편지를 보냈다는 기사가 신문에 실렸었다. 어렸을 때 돈이 없어 기차표를 안사고 몰래 기차를 탄 적이 있다며 수 십년이 지나도록 그때의 죄의식 때문에 마음이 괴로워 그 동안의 이자까지 합해 표 값을 보내왔다고 한다. 먹고 살기 힘들었던 20세기 중 후반까지 어쩔 수 없이 양심을 버려야 했던 이와 유사한 행위를 반성하고 용서를 구하는 아름다운 이야기들은 양심이 얼마나 중요한가를 깨닫게 한다. 누구나 잘못을 할 수 있다. 그렇지만 그것을 인정하고 개선하는 계기로 삼는다면 자신의 인격을 오히려 높힐 수 있다. 스스로에게 떳떳할 수 없는 그러한 삶은 결국 자기 자신을 가장 두려워해야 한다는 진리를 의미하기도 한다. 이제는 두 다리 뻗고 편안하게 잠을 청할 수 있게 되었다고 끝을 맺었다고 한다.

A : Who do you fear the most?

B : When I was young, I was fearful of my father Then when I was in elementary school, I feared my teacher most. Now, I am beginning to realize that 'Every man is his own worst enemy.' In other words, it's me that I should be fearful of the most, since I cannot deceive myself.

두 문화속에 숨겨진
같은 의미의 속담이야기

책임

16

사필귀정.

You've made your bed, now lie in it.

(It is you who did as you pleased, so you must live with the consequences.)

설마 설마 하며 음주운전을 해오다가 경찰의 불심검문에 걸린 자가용 운전자가 있었다. 자신이 과음을 했다는 것을 인정하기 보다는 벌금을 내거나 심지어 감옥에 갈지도 모른다는 공포심 때문에 우선 자리를 피해보자는 본능적 욕구로 자동차에서 재빨리 내려 달아나기 시작했다. 그러나 곧바로 뒤따라온 경찰에 의해 붙잡혔고 단순한 음주 운전 죄 외에 뺑소니 등 몇 가지 안 좋은 죄명이 더해져서 직장에서 파면되는 최악의 상황에까지 이르게 되었다. 차라리 순순히 경찰의 요구에 응하고 벌금을 내었더라면 하고 후회했지만 소용이 없었다. 세계무대에서 활약하여 국위를 떨치던 한 야구선수도 만취상태에서 운전을 하며 헤매던 중 하필이면 경찰에게 길을 묻다가 붙잡혀 음주측정을 당하고 수갑까지 채워져 잡혀가는 장면이 인터넷에 올랐다. 책임을 지고 자중하며 만회할 수 있기를 바란다.

A : I have a problem with one English class. I am afraid that I might fail in it. However, I cannot drop it, since it is almost half the semester.

B : It seems that there is no other way than completing it. 'You've made your bed, now lie in it.'

엎지러진 물.

It's no use crying over spilt milk / What's done cannot be undone.

(Don't regret for what you determined to do.)

S군은 대학에 입학하면서부터 주말마다 집근처 산에 등산을 해왔다. 그날도 겨울산이라 미끄러웠지만 아이젠을 준비하여 출발하였다. 중간에 갈림길에서 덜 미끄러울 것 같은 쪽으로 선택해서 걸어가던 중 앗차 하는 실수로 넘어져 한쪽 다리가 부러지는 사고를 당했다. 결국 한달 이상 깁스를 하고 지내게 되었고 그날 왜 그 갈림길에서 자주 안다니던 방향의 길을 택했는지 후회 막심했다. 그러나 이미 사고는 일어났고 더 이상 돌이킬 수 없었던 일이다. 살아가면서 이렇게 혼자서 또는 부모, 선생님, 선배, 친구의 도움을 받아서 어떤 결정을 하게 되는 순간이 많다. 어찌되었던 최종적인 결정은 자신이 했으면서도 후회하거나 남을 원망할 때가 많다. 그렇지만 배 떠난 뒤에 손을 흔들어 보았자 달라지는 것은 없다.

A : I should have waited for at least half a year to start my graduate studies in the States. The value of the dollar has dropped considerably since then.

B : 'It's no use crying over spilt milk' / 'What's done cannot be undone.' Still its value is far lower than the so-called IMF year in 1997.

뒷간에 갈 적 마음 다르고 올 적 마음 다르다.

The danger past and God forgotten.

(Men tend to break their promise once they think they pass through emergencies.)

한 어린이가 골수암 진단을 받고 병원에서 치료를 받아왔다. 아이의 부모는 원래 종교가 없었으나 견디기 힘들어 병원에서 예배를 보며 기독교에 관심을 가지게 되었다. 누군가에게 매달려 구원을 요청하지 않고는 견디기 힘들었기 때문이다. 다행히 이식해줄 사람을 찾게 되었고 수술은 성공적으로 끝나 아이는 새 삶을 찾을 수 있게 되었다. 이 후 자신들도 힘들게 투병하는 어린이 환자에게 장기를 기증하는 등 평생 남을 도와주며 살겠다고 굳게 맹세했었는데 그때의 고마운 마음이 세월이 흐르면서 점점 퇴색해가는 느낌이다. 어차피 시한부 인생인데 우리나라도 외국처럼 운전면허증을 줄 때 장기기증 또는 기타 세포기증 약속을 선택할 수 있도록 제도화 하는 것을 검토하여 시행하면 어떨까 한다. 대부분 수입에 의존하기 때문에 비용이 엄청나다고 한다.

A : I am very much disappointed with myself, because I didn't keep my promise which was made many years ago. I was then in a serious condition from a car accident. I promised myself to take care of the handicapped, but I didn't even get started yet.

B : It's not just with you, but with everybody, since 'The danger past and God forgotten.' However, we should be responsible for what we promised.

언행일치.

Practice what you preach.

(Behave in the same way as you tell others to.)

어느 교회 목사가 여자 신도 여러 명을 천당에 가게 해주겠다며 성폭행한 혐의로 경찰에 구속되었다. 신도들에게 모든 재산을 교회에 헌금으로 바쳐야 한다고 협박하는 사기행각까지 했다고 한다. 남을 위해 선행을 베풀고 항상 감사하는 마음으로 살라고 설교하고 기도하는 사람이 목사이기 때문에 충격이 아닐 수 없다. 말만하고 자신의 말에 대한 책임을 지지 않으면서 어떻게 자기를 따르라고 할 수 있겠는가? 극히 일부이기는 하겠지만 성실히 임무를 수행하는 대다수의 목회자들에게 피해를 주고 있어 안타깝다.

A : It's easy for us to tell others what they should do, but very difficult to show them ourselves.

B : I agree. But you must be able to 'Practice what you preach.'

오늘 할 일을 내일로 미루지 마라.

Don't (Never) put off until tomorrow what you can do today / Procrastination is the thief of time.

(Do it right away once you decided to, since delay with no reason is a waste of valuable time.)

신구군은 군대에서 담배를 배웠다. 그러나 건강에 치명적이라고 하고 마음 놓고 담배를 피울 장소도 없어 불편하기도 하여 벌써 여러 해째 New Year's Resolution으로 금연을 하겠다고 결심해오고 있는데 아직도 못 지키고 있다. 알고 보니 새해에 가장 많이 하는 결심이 담배를 끊겠다와 체중을 줄이겠다라고 한다. 그러나 그것들이 얼마나 잘 지켜지는가는 의문이다. 다행히 우리에게는 음력으로 신정이 되는 설날이 있다. 그래서 똑같은 결심을 다시하며 자신과의 약속을 하지만 얼마가지 않아 깨지기는 마찬가지인 경우가 역시 대부분이다. 건강에 이상이 생겼다는 의사의 진단이 나올 때 까지 잘못된 습관을 시정하지 못하고 미루는 것은 더없이 어리석은 일이다. 폐암으로 사망하기 직전 담배를 끊었어야 했다는 후회를 하며 금연 캠페인을 주도한 인기 탤런트도 있었다.

A : Mom, please let me sleep a little longer.

B : No, son. You promised to take a walk for half an hour every morning from today. Please, 'Don't (Never) put off until tomorrow what you can do today' / 'Procrastination is the thief of time.'

두 문화속에 숨겨진
같은 의미의 속담이야기

진실

17

콩으로 메주를 쑨다고 해도 안 믿는다.

Never cry wolf / Honesty is the best policy.

(Don't try to tell a lie.)

사람이 진실만을 말하고 살 수 있을까? 때로는 거짓말을 해야 할 때가 있다. 의사나 가족이 말기암 상태에 이른 환자에게 임종이 얼마 남지 않았다고 진실을 말해주기 보다는 치료하면 회복이 가능한 병 정도로 우선 거짓말을 하고 보는 경우이다. 선의의 거짓말이다. 그러나 종종 학력이나 경력을 속이는 악성 거짓 행위를 했다가 뒤늦게 합격이나 당선이 취소되는 사례도 많다. 증명서 자체를 위조할 수는 있겠지만 거기서 출발하여 이어지는 거짓말을 끝까지 숨기기는 매우 힘들기 때문이다. 거짓은 또 다른 거짓을 낳고 거짓이 계속 이어지면서 결국 막다른 골목으로까지 치달을 수밖에 없다. 한때 대학로 극장에서 인기있었던 연극 'The Liar'는 연속해서 시리즈로 대중의 사랑을 받았었다. 코믹한 전개는 가상의 세계여서 가능했다.

A : I have known him for many years. I thought he is hardworking, responsible and credible, but some of my friends said that he should 'Never cry wolf.'

B : You're right, but somehow he began to cheat his colleagues and then his friends. Something terrible must have happened to him. Under any circumstances, however, 'Honesty is the best policy.'

세상은 (넓고도) 좁다.

It's a small world.

(Secrets are hard to keep.)

인터넷 때문에 세계가 더욱 좁아졌지만 그것이 없었던 시대에도 특히 사생활 정보에 관한 한 좁았었다. 그래서 태평양건너 멀리 미국의 어느 도시로 유학을 간 대학생이 외국 이성 친구를 만나 사귀게 되면서 설마 자기들이 어떻게 생활하는지가 한국의 부모나 친구들에게 알려지지 않겠지 생각하고 동거를 했었다고 할 때 그 사실이 끝까지 비밀로 지켜지기 어려웠을 것이라는 것이다. 어떤 경로를 통해서 또 얼마나 신속하게 알려지는 가는 경우마다 다르지만 아무리 물리적으로 먼 거리에서 일어났더라도 조만간 밝혀지게 되어있다. 필리핀에는 아버지가 한국학생인 미혼모 아이들이 수없이 많다는 보도가 있었는데 그것들도 언젠가 밝혀질 날이 반드시 있을 것이다.

A : I hear that Ms. B and Mr. K called off their engagement.

B : Yes, Mr. K was found to have cohabited with a girl while he was studying in England. 'It's a small world.'

(세상에) 비밀은 없다.

Truth will come out.

(All truth will reveal itself eventually.)

과학이 발달하면서 수사방법도 첨단 과학화되어 완전범죄는 점점 불가능해지고 있는 것 같다. 머리카락 한가닥, 작은 지문 하나만으로도 DNA검사를 통하여 범인을 식별해낼 수 있게 되었기 때문이다. 언젠가 외국인들이 많이 산다는 서래마을에서 살해되어 냉동실에 보관된 상태로 있던 어린 아이의 살인범이 바로 외국인 부모 중 한사람 이었다는 것을 알아내어 본국에 협조를 요청했던 사건도 이런 최첨단 수사의 덕이었다. 이처럼 이제는 국내에서 죄를 범하고도 외국으로 탈출해나가면 그만인 시대는 끝나 다행이다. 어느 유명 연예인이 사람을 폭행해 피해를 입히고도 시치미떼더니 CCTV에 녹화된 사진을 보고는 자백했다는 보도도 있다.

A : A serial murderer 20 years ago was caught recently in a remote island. This shows 'Truth will come out.'

B : I heard it, too. It is said that a hair of his was discovered and tested. I am amazed how advanced our science is.

꼬리가 길면 잡힌다.

Where vice is, vengeance falls.

(Repeated crime is to be caught and punished.)

혜주는 아주 어렸을 때 시골이 집이었다. 상점이라는 말 대신에 송방이라고 불렀는데 전 마을을 통틀어 자동차가 다니는 포장도로에 하나 있었다. 어느 날 오빠의 저금통에서 동전을 꺼내어 가지고 가서 사탕 몇 개를 사먹어 보았다. 맛이 있었다. 혹시나 오빠에게 발각되면 어쩌나 걱정은 되었지만 몇 번을 그렇게 했는데도 아무도 관심을 두지 않았다. 재미가 생기기 시작했다. 처음에는 동전 한 두개를 꺼내다가 점점 개수를 더해가기 시작했다. 그렇게 시간이 갔고 마침내 어느 날 하교 후 집에 갔더니 아버지께서 회초리를 가지고 기다리고 계셨다. 나의 소행이라는 것이 너무도 분명했고 나도 부인하지 않고 잘못했다고 한번만 용서해달라고 빌었다. 그 일이 있고 난 후 혜주는 다시는 그런 거짓말을 하지 않았던 것 같다. 자식의 나쁜 손버릇을 고친다면 대 여섯살된 어린아이를 경찰서까지 데려가 혼을 내주었다는 어느 어머니의 행동은 심했던 것 같다.

A : A woman was caught in a department store while shoplifting.

B : Yes, 'Where vice is, vengeance falls.' The shop clerk recognized her from memory almost six months ago. She later confessed she had stolen things many times in different department stores.

도둑이 제 발 저리다.

The faulty stands on his guard.

(Those who commit a crime think others speak of it.)

얼마 전 부산에 일이 있어 고속열차를 타고 간적이 있다. 개찰구를 통과하는데 아무도 표를 검사하지 않았다. 덕분에 빨리 정해진 좌석을 찾아갈 수 있었다. 한 시간여 달렸을 때 유니폼을 입은 한 직원이 지나가며 좌석을 확인하는 것 같았다. 그 때 갑자기 한 승객이 자리에서 벌떡 일어나 뛰기 시작했고 직원은 따라가느라 사라졌다. 열차표 없이 탑승한 질이 않 좋은 사람이었을 것이다. 혹시 자신의 죄가 밝혀질까 두려워 본능적으로 한 행동일 것이고 열차에서 뛰어내리지 않았으면 결국 얼마 지나지 않아 잡혀서 죄 값을 치루었을 것이다. 영국에서는 지하철역에 표를 대는 검색대가 아예 없다. 그러나 가끔 표 소지 여부를 확인하러 다니는 직원에게 무임승차를 한 것이 발각되면 엄청난 벌금을 물어야 한다고 한다.

A : Ms. Cho, why are you looking at me for the lost ball yesterday? I didn't hide it.

B : 'The faulty stands on his guard.' I am now convinced that you are the very person, aren't you?

망자가 무슨 말을 하랴 / 죽은 자는 말이 없다.

Dead men tell no tales.

(The dead would not reveal secrets.)

대통령 권좌에서 임기를 마치고 귀농하여 한 때 인기를 모았던 노무현 전 대통령이 어느 날 자살했던 사건은 그 당시 자신의 참모였던 몇몇 사람들이 줄줄이 검찰에 불려나가 뇌물수수 혐의로 조사를 받던 중 일어난 일이었다. 그리고 결국 대통령의 자살로 사건 자체가 곧바로 종결되어 그들이 구속에서 풀려나게 되었었다. 사태가 악화되어 가족에게까지 화가 미칠 것을 두려워했던 것이라는 추측이 무성했었다. 잘 나가던 사업가 또는 기업체 간부 중에도 이런 저런 이유로 구속되기 바로 직 전 자살을 택한 경우가 많이 있었다. 죽으면 모든 것이 끝날 수 있다고들 생각했고 노 전 대통령의 경우처럼 실제로 그런 사례도 있기 때문이다.

A : I was shocked to learn that our late president, Mr. Roh, had committed suicide in the mountain area near his hometown. He seemed to be afraid of his men's arrest by his forced disclosure about their involvement in the political bribe scandal.

B : Yea, 'Dead men tell no tales.' He could save his men's lives including those of his family members. But he made a bad choice, I think.

두 문화속에 숨겨진
같은 의미의 속담이야기

인간의 본성

18

물에 빠진 사람 지푸라기라도 잡는다.

A drowning man will catch a straw.

(Man are to do anything under very difficult conditions.)

한국 전쟁 이야기를 묘사한 작품을 읽으면 전쟁이 얼마나 참혹한지를 짐작하게 한다. 남자들은 모두 전시에 동원되고 재산을 몰수당한 채 부녀자들만 남아 배급되는 강냉이 죽으로 겨우 생명을 유지한다. 대농장 주인으로서의 안락한 생활은 하루아침에 끝나버린 것이다. 간신히 인민군을 피해 어린 자녀를 하나는 등에 업고 다른 하나는 걸리어 죽을 고비를 여러 번 넘기면서 마침내 남하하는데 성공하지만 나아진 것은 없다. 하루 한 끼 제공되는 급식으로는 살길이 막막하던 중 간신히 떡 장사를 시작하여 길바닥에 떡판을 깔고 떡을 팔게 되고 생활이 조금씩 나아지기는 하지만 고생은 끝이 없게 된다. 입에 풀칠하기위해 도둑질만 빼고 무슨 일이든지 하게 된다고 했다.

A : He seems to have changed a lot. I thought he was very difficult to approach in the past, but he is not any more. I wonder what happened.

B : He is divorced and feels lonely. I am sure that he is trying to learn how to get along with others. 'A drowning man will catch at a straw.'

개똥(밭)에 굴러도 이승이 낫다 / 죽은 정승이 산 개보다 못하다 / 죽은 사람만 불쌍하다.

A living dog is better than a dead lion / Never say die.

(Staying alive is always much better than being dead.)

흔히 세 가지 거짓말이 있다고 한다. 처녀가 시집 안 간다는 말, 장사하는 사람이 밑지고 판다는 말, 그리고 노인이 빨리 죽고 싶다는 말이라고 한다. 이들 중 노인이 오래 오래 살고 싶어한다는 것은 생명체들에 있어서 본능적으로 삶에 대한 욕구가 무엇보다 강하다는 것을 말해준다. 아무리 사람을 많이 죽인 살인마도 사형장에 가는 도중 물웅덩이를 펄쩍 뛰어 넘으면서 하마터면 죽을 뻔 했다고 안도의 한숨을 내쉰다는 어느 작가의 글도 있다. 어쨌든 건강하게 오래 살고 싶어하는 인간의 욕망을 채우려는 노력 덕분에 최근의 통계청 자료에 의하면 남자의 평균수명은 76.5세, 여자의 평균수명은 83.3세로 높아졌다고 한다. 사고로 일찍 세상을 떠나는 사람을 감안할 때 90세 수명은 당연하게 여겨지고 있고 '구구팔팔일이삼사'가 모두의 희망이라고 한다 (99세까지 팔팔하게 살다가 하루 이틀 앓고 삼일째 죽는것).

A : I don't understand why some people commit suicide. I have learned that life is something very precious from my parents and teachers.

B : I agree. Life sometimes seems to be very hard, but 'A living dog is better than a dead lion' / 'Never say die.'

오래살고 볼일이다.

Live and learn.

(It's good to live long.)

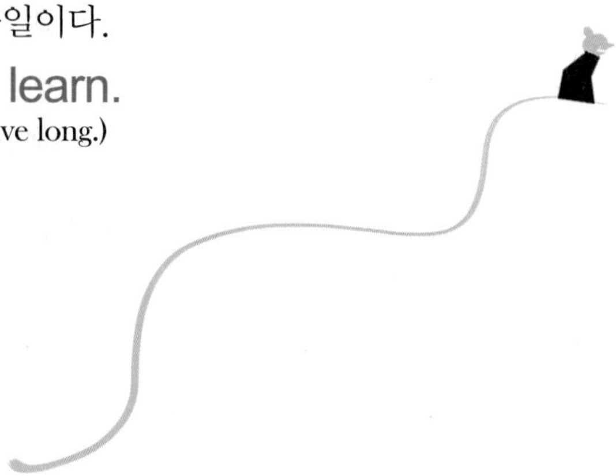

정상적인 사람은 장수하고 싶어 한다. 이러한 생에 대한 집착은 인간에게 있어서 후손에 대한 책임과 더 나은 세상을 보고 싶은 욕망이 크다는 것을 말해주는 것이기도 한 것 같다. 누구든지 자식을 곁에 두고 죽을 수 없다는 강한 의지가 있는데 그것을 지나고 나면 손주가 보고 싶다고 한다. 그리고 그 다음은 그 손주가 결혼할 때까지 그 다음은 증손주 볼 때까지... 이렇게 계속해서 오래 살고 싶은 욕망이 이어진단다. 또한 과학의 발달로 더 편하고 볼거리가 풍부한 세상으로 빠르게 변하기 때문에 미래에 대한 기대치가 큰 것도 장수 욕망의 큰 이유인 것 같다. 예를 들면 한 때 삐삐가 등장하더니 핸드폰, 아이폰으로 발전하여 TV, computer, navigator, 도서관의 모든 기능을 손바닥에 들고 다니는 편리한 세상이 되었다.

A : The scientific developments are remarkable these days. Our life is becoming more and more convenient. It is called the information and technology(IT) era.

B : True, To 'Live and learn' seems to be everybody's life goal.

털어서 먼지 안 나는 사람 없다.

Everyone has a skeleton in his closet (cupboard) / Let him who is without sin cast (throw) the first stone.

(No one is perfect.)

국무총리 내정자의 인사청문회에서 논문표절 문제가 잣대에 올랐다. 내정자는 표절시비는 자신의 논문내용을 다른 월간지에 줄여서 기고했던 것에서 나온 것 이라고 설명했다. 이 과정에서 일부 야당 국회의원들이 마치 경찰이 죄인을 심문하듯 인신공격을 하여 민망하였다. 이 세상에 완벽한 인간은 없고 모두가 크고 작은 잘못을 알게 모르게 저지르고 산다고 할 수 있다. 특히 공직에 근무하다보면 여러 가지 유혹이 있을 수 있다. 예를 들면 국세청 공무원이 탈세를 눈감아주고 뇌물을 받는다든지, 군인장교가 장성이 되기 위해 상급자에게 도에 넘치는 선물을 하는 행위 등이다. 이런 식의 부정이 없는 깨끗하고 공정한 사회가 모두의 바램이다.

A : I feel sorry for Jaewook. He returned to England after his fans attacked him online for a minor mistake several years ago when he was a high school student.

B : I wish we all were more understanding. 'Everyone has a skeleton in his closet (cupboard)' / 'Let him who is without sin cast (throw) the first stone.'

옥에도 티가 있다 / 원숭이도 나무에서 떨어진다.

Nobody is infallible / To err is human and to forgive divine / Even Homer sometimes nods.

(Human beings are not perfect.)

흔히 인간답다는 말을 한다. 허점이 보일 때 쓰는 말이다. 그러나 우리 조상들은 왕을 거의 신으로 간주하여 절대 복종했었다. 또는 제자는 '스승의 그림자도 밟지 않는다'며 스승을 신성시 했었다. '우리 선생님은 화장실도 안 가신다'고 생각할 정도였다. 한편 제자 앞에서 화장실 출입하는 모습을 보이지 않으려고 했던 선생님들을 상상하게도 된다. 그러나 요즈음은 상대가 누구이던 완벽함보다는 허점이 보일 때 더 친근감을 갖게 하고 따라서 인기가 올라가기도 한다. 그렇다고 일부러 약점을 만들어서는 안 되고 더구나 방심해서도 안 될 것이다. <회남자>에서도 "선유자익 선기자추(善游者溺, 善騎者墜)"라 하여 '원숭이가 나무에서 떨어지는 것은 나무를 너무 잘 타기 때문'이라며 하여 항상 정신을 차리라고 가르친다.

A : I am very disappointed with Mr. Kim. As far as I know, he was never late for an appointment with others. Although he apologized, I am still upset.

B : 'Nobody is infallible' / 'To err is human and to forgive divine' / 'Even Homer sometimes nods.' He will be more careful from now on, I am sure.

세살버릇 여든까지 간다.

Old habits die hard / You can't teach an old dog new tricks.

(It is extremely difficult to change old habits.)

유치원이나 유아원에서 가장 강조해야하는 교육내용 중 하나는 기초 질서를 지키는 습관인 것 같다. 차례 지키기, 아무데나 쓰레기 버리지 않기, 침 뱉지 않기 등 일상생활에서 가장 기초적으로 지켜야하는 생활습관들이다. 캠퍼스를 지나다보면 최고의 지성인이라는 대학생 중에도 주위는 아랑곳 하지 않고 침을 뱉는 이들이 있어 눈살을 찌푸리게 한다. 전철에 빈자리라도 있어 보이면 먼저 타서 차지하려고 기다리는 사람들을 헤치고 재빨리 올라타는 젊은이들도 있다. 도로에서 운전을 하며 담뱃재와 꽁초를 유리창 밖으로 떨어 버리는 이들도 많다. 어려서부터 좋은 습관을 익히도록 가정과 교육기관에서 가르쳐 평생 지키며 살아가게 도와주어야 한다. 이런 교육의 모범은 일본이라고 한다. 아차 실수라도 하면 사회에서 왕따를 당하게 되므로 잘 지켜진다고 한다. 여행객은 너무 깨끗하여 아무것도 차마 길거리에 버릴 수 없단다.

A : My son was discharged from the army recently. He seemed to have changed during the first couple of weeks getting up early, but returned to his old habit of sleeping until noon.

B : 'Old habits die hard' / 'You can't teach an old dog new tricks.'

제 버릇 개 못준다.

Once a thief (devil), always a thief (devil) / A rose is a rose is a rose is a rose.

(The inherent nature of human beings never changes no matter what.)

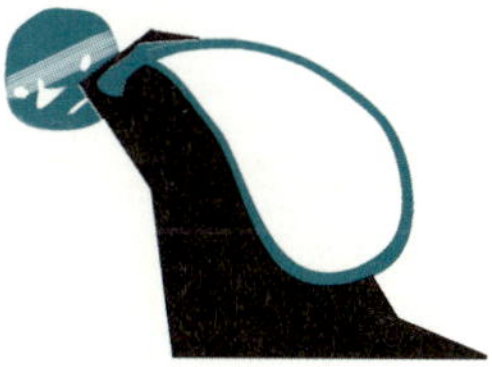

도박에 빠져 헤어나지 못하던 유명 탤런트가 있었다. 연예계에서 완전히 퇴출되는가 했는데 성실하게 살겠노라 맹세하고 어느 날 부터 다시 방송에 나오기 시작했다. 워낙 순발력이 뛰어난 재주를 가지고 있었기 때문인 것 같다. 그렇게 얼마가 지났을 때 또 다시 해외에서 도박을 하다가 빈털터리가 된 채 여권을 빼앗겨 현지에서 잡혀 있다는 보도가 있었다. 모두들 씁쓸해하며 한마디씩 했다. 이런 도박중독은 알콜, 마약뿐 아니라 정치, 성형에서도 나타난다. 다시는 마시지 않겠다고 맹세하고 마시기를 반복하는 알콜 중독자, 매번 지면서도 계속 출마하다가 전 재산을 다 날리고서야 어쩌지 못하는 정치인들이 많다. 성형수술도 마찬가지라고 한다. 그런 유혹은 처음에는 빠지지 않으려고 하지만 일단 발을 들여놓으면 나오기가 쉽지 않단다. 심각한 질병이다.

A : Have you heard anything about Jim? I wonder how he is doing after promising he will be a good boy, never doing drugs. He was discharged from jail on bail.

B : 'Once a thief (devil), always a thief (devil)' / 'A rose is a rose is a rose is a rose.' Some people say they frequently saw him drinking in bars with girls recently.

두 문화속에 숨겨진
같은 의미의 속담이야기

건강

19

금강산도 식후경.

An army marches on its stomach.

(Being fed well is the most basic in our life.)

옆 사무실에 있는 C씨는 아침에 출근하면 점심을 함께 먹을 사람을 찾느라 전화기를 돌린다. 오늘은 누구와 무슨 음식을 먹을까를 생각하며 자동차를 운전한다고 한다. 식사시간은 정확히 두 시간, 맛있고 분위기 좋은 찻집도 중요하기는 마찬가지다. 처음에는 이상하게 보이기까지 했지만 얼마 후 우리에게 먹는 것이 삶에서 차지하는 위치가 그만큼 중요할지 모른다는 생각이 들었다. 함께 있어 기분 좋은 사람들과 즐겁게 먹어야 건강을 유지하고 건강이 유지되어야 하고 싶은 일을 할 수 있기 때문이다. 살기 위해 먹는다고도 하지만 먹기 위해 사는 것인지도 모른다. 때마침 아프리카의 누우떼가 어마어마한 무리를 지어 물과 먹이를 찾아 이동하는 장면이 TV화면에 보여졌다.

A : It's almost 1 o'clock in the afternoon. But let's drive a little more, because I remember a nice Chinese restaurant which specializes in chicken and duck. We'll then leave for the beautiful park.

B : I am so hungry now. Can't we eat in here? 'An army marches on its stomach.'

시장이 반찬이다.

Hunger is the best sauce.

(There will be no appetite without feeling hungry.)

IT산업이 발달하지 않았던 21세기 이전에는 국내 여행을 할 때 식당을 찾기가 매우 어려웠었다. 책자나 소문에 의존해야 했기 때문이다. 그러나 지금은 인터넷이나 스마트폰을 이용하면 어디를 가거나 쉽게 맛 집을 찾을 수 있게 되었다. 그렇기는 해도 누구에게나 추천하는 식당이 마음에 드는 것은 아니다. 기대와 실제가 일치하는 경우가 많지 않기 때문이다. 비싼 식당이라고 맛이 있는 것도 물론 아니다. 각자 선호하는 재료, 요리 방법, 용기 등 여러 가지가 음식 맛을 결정하겠지만 가장 중요한 것은 음식을 주문하는 고객의 배고픈 정도일 것이다. 가정주부도 자신이 배가 고프지 않으면 요리할 생각이 나지 않는다고 한다. 배고픔은 건강의 척도이기도 하다. 시골에서 평생 앓아본 적이 없었다는 어느 할머니가 배가 고파서 어떻게 아플 수 있는지 모르겠다고 하여 웃은 적도 있다.

A : What time is your wedding ceremony?

B : It's three in the afternoon. We wanted to hold it between noon and 1 o'clock, but all halls were already reserved. We are a little worried, since we know 'Hunger is the best sauce.'

사람은 빵으로만 살 수 없다.

Man does not live by bread alone.

(People should be able to meet spiritual as well as physical needs.)

방송매체를 통하여 행복을 이야기하면서 유명하게 된 한 행복전도사가 어느 날 남편과 함께 동반자살을 하였고, 그녀의 말에 귀 기울이며 삶의 희망을 안고 살아온 많은 사람들을 충격에 빠뜨린 적이 있다. 불치의 병을 앓고 있었고, 신체적 고통이 너무 심하여 더 이상 견딜 수 없어서 선택한 길이라는 유서를 남겼었다. 그로 인해 오랫동안 정신적으로 치명적인 병을 앓아왔을 것이다(그렇기는 해도 하필이면 자신의 집이 아니고 근처 모텔에서 일을 저지른 것은 심했다고들 말함). 어렸을 때는 단순히 잠자고 먹고 입을 것만 충족되면 행복을 느끼며 살아간다. 그렇지만 성장해가면서 그것은 단지 생존을 위한 최소한의 기본조건일 뿐이다.

A : Sue's father is the CEO of a big company. She covers herself with all the world-famous foreign brands from dresses to handbags, but always complains about her family life.

B : I think I can understand her situation. We all know that 'Man does not live by bread alone.'

이열치열 / 이랭치랭.

Like cures like.

(Something similar drives out unpleasant feelings.)

몹시 추운 날씨로 고생하는 소련 사람들이 좋아하는 겨울행사 중 하나는 차가운 겨울바다에 수영복을 입고 뛰어드는 시합이다. 모두들 행복한 표정이다. 해운대 북극곰 수영대회도 25회째이다. 겨울에 먹는 아이스크림도 전혀 어색하지 않다. 한편 일년 중 가장 기온이 높다는 7월 중순에서 8월 초순 사이에 끼어있는 세 번의 복날에는 삼계탕 전문 식당들이 호황이다. 사람들은 펄펄 끓는 뚝배기에 나오는 삼계탕을 땀을 뻘뻘 흘리며 먹으면서 '아, 시원하다' 라고 외친다. 한편 더울 때 즐기는 또 하나의 음식인 냉면은 먹을 때는 시원해도 먹고 나면 시원한 느낌이 들지 않고 오히려 속을 거북하게 하는 경우가 많다. 의학적으로 추위는 춥게 다스리고 더위는 덥게 다스리는 것이 건강에 좋은가 보다.

A : It's so hot today, maybe the hottest of this summer. What would you like to eat for dinner?

B : Let's try boiled chicken soup. 'Like cures like.'

똥도 잘 쓰면 약이 된다.

Feed a cold; starve a fever.

(Take medicine according to symptoms.)

R씨는 최근에 몸에 좋다고 알려진 한약을 지어먹고 고생했다. 갑자기 열과 구토가 나는 증상 때문이었다. 혹시나 하여 약을 중단했더니 그 증상이 사라져 조심해야겠다고 생각했다. 남들이 건강에 좋더라고 하여 자신에게도 좋을 것이라고 생각하면 위험하다. 가령 건강식품으로 널리 알려져 있는 인삼, 홍삼, 녹용도 체질에 따라 오히려 해로운 경우가 많다고 한다. 따라서 방송에서 어떤 음식이 건강에 좋다고 보도가 나가는 순간 시장에서 그것이 바닥이 날만큼 분별없이 행동하는 소비자들의 우스꽝스러운 모습은 사라져야 하겠다. 건강에 대해 한 가지 상식은 몸에서 필요한 양분을 몸이 알아서 요구하기 때문에 욕구가 생기면 채워주라는 것이다. 예를 들어 갑자기 단것이 생각나면 엿이나 초코렛을 먹어주면 된다.

A : I spent a lot of money buying some wild ginseng from the home shopping channel yesterday. They said it is a cure-all. I started taking it today.

B : I hope it works well for you, because it may not. There is no medicine for everybody. Remember, 'Feed a cold; starve a fever.'

모르는 게 약이다 / 아는 게 병이다.

Ignorance is bliss.

(It is often more comfortable to remain ignorant than to know too much.)

장신재 교수는 자신의 수필집에서 아는 것이 오히려 해가 될 수 있는 예를 들었다. 한 어머니가 세 딸을 시집보내면서 걱정이 되어 첫날밤에 어떻게 해야 하는지를 가르쳤단다. 첫 딸에게 첫날밤 신랑이 옷을 벗기려하면 너무 반항하지 말라고 했는데 그 딸은 신랑의 손이 닿기 무섭게 옷을 훌렁 벗어 버려 소박맞았단다. 그래서 다음 둘째 딸에게는 신랑이 너무 쉽게 옷을 벗기도록 허락하지 말라고 일렀더니 기를 쓰고 반항해서 또 소박맞았단다. 하는 수 없이 마지막 셋째 딸에게는 아무 말도 하지 않고 자신이 알아서 하게 내버려 두었더니 아들 딸 잘 낳고 행복하게 살더란다. 이것 저것 많이 알면 알수록 불행을 자초하기도 할 수 있다는 경고인데 주입식 암기 교육의 문제점이기도 하다.

A : Have you been to a resort area this summer? Where did you go and who did you go with? Tell me everything about it.

B : Don't try to know too much about others. Sometimes, 'Ignorance is bliss.'

세월이 약이다.

Time heals all wounds.

(Time cures all, good and bad.)

중학교 때 같은 책상에서 공부하던 짝이 어느 날 교통사고로 하늘나라로 떠나갔다. 친구를 잃은 아픔으로 한동안 아무 일도 손에 안 잡혀 고생했던 것으로 기억된다. 이렇게 사랑하던 친구 혹은 가족을 하늘나라로 보냈을 때 슬픔은 금방이라도 따라 가고 싶을 정도로 견디기 어렵다. 그리고 그 슬픔의 강도는 절대로 잦아들지 않을 것 같다. 그러나 다행스럽게도 인간에게는 망각이라는 편리한 도구가 있어 시간이 가면서 그토록 절절했던 아픔도 점차 추억의 그림자로 자리를 잡는다. 이는 지극히 불편했던 인간관계에도 적용된다. 미움이 연민으로 바뀌고 궁극적으로는 관심 밖으로 기억에서 사라지기도 한다. 이런 경우는 결국 세월만이 치유책인것 같다.

A : I don't know how I can live without my long-time friend, a dog named Chinho. He has lived to be 15, old enough for dogs.

B : I'm sorry to hear that. But 'Time heals all wounds.'

웃으면 복이 온다 / 웃는 얼굴에 침 뱉으랴.

Laughter is the best medicine / Laugh (Smile), and the world laughes (smiles) with you; Weep, and you weep alone.

(Laughing brings health and happiness.)

학교 근처 식당 중 즐겨 찾는 집이 있다. 사장인 주인 아주머니와 중국 교포 도우미 아주머니 때문이다. 언제나 얼굴에 환한 웃음을 머금고 즐겁게 손님들을 대하는 모습은 모든 이를 행복하게 해준다. 음식 맛도 맛이지만 그래서 식사때에는 손님들이 줄을 서서 기다릴 정도로 많다. 웃음에 대한 연구가 많다. 웃음과 호르몬 분비, 웃음과 미용 등인데 예를 들면 웃을 때 움직이는 근육은 노화의 주름과는 전혀 상관이 없을뿐더러 오히려 피부를 젊게 한다는 것이다. 그래서 많은 병원이나 지역 자치구에서는 노인건강을 위해 웃음 연습 시간도 포함하고 있다고 한다. 인생 80년에서 평균 22시간 정도만을 웃음에 할애한다니 별도의 노력이 꼭 필요한 부분이다.

A : I am under the weather. I have been unemployed for several months.

B : Our economy is still in bad shape, but there are signs of recovery everywhere. Please cheer up and remember, 'Laughter is the best medicine' / 'Laugh (Smile), and the world laughes (smiles) with you; weep, and you weep alone.' I am sure you will hear a good news soon.

두 문화속에 숨겨진
같은 의미의 속담이야기

삶

20

설상가상 / 엎친데 덮친격.

It never rains, but it pours.

(Something bad occurs in series.)

북한의 서해 5도 폭격으로 나라가 어수선한데 안동지역에서 소와 돼지에 구제역이 발생해서 전국적으로 번지며 많은 농민들의 마음을 심난하게 한 적이 있다. 큰 산불이 삼척에서 발생하여 엄청난 나무를 잿더미로 만든 것도 그 때의 일이다. 이북에서는 전면전을 불사하겠다고 으름장을 놓고 있었고…. 국가재앙이 연속해서 일어나 국민들의 마음을 불안하게 했는데 가정도 예외가 아니다. 평화롭던 어느 집에서 아버지가 갑자기 고혈압으로 쓰러져 세상을 뜨더니 얼마 지나지 않아 아들이 교통사고로 그 자리에서 사망한 사고가 또 일어났다. 식구들이 불안해하는 가운데 이번에는 어머니가 쓰러져 의식을 잃게 되어 하루아침에 가정이 파탄 난 경우이다. 옛날 같으면 무당을 불러 굿이라도 해서 마귀를 쫒으라는 점쟁이의 점괘가 나왔을 법하다.

A : Mr. Baik called me this morning from the hospital. He said he woke up late, missed the school bus and then was seriously hurt while driving his father's car by crashing with another car.

B : I'm so sorry to hear that. 'It never rains, but it pours.'

화불단행.

Lightening never (seldom) strikes twice in the same place.

(Something bad never occurs continuously.)

Y부부는 올해 연말 휴가 때 추위도 피할 겸 보라카이로 여행을 다녀오기로 하였다. 비용을 절약하기위해 항공편을 알아보던 중 유명한 항공회사가 아닌 동남아 국가 비행기를 이용하면 예상보다 훨씬 싼 가격에 갔다 올 수 있다는 것을 알게 되었다. 문제는 그 항공사 소속 비행기가 얼마 전 항공사고를 내어 많은 승객이 사망했다는 것이었다. 찜찜하기는 했지만 일단 사고를 한번 냈기 때문에 재발을 방지하기 위하여 비행기 점검을 확실히 하는 등 안전성 측면에서 자체적으로 세심한 주의를 하고 있을 것이라 믿고 진행하기로 하였다.

A : Honey, when will be the best date for our trip to New York?

B : Let's make it on the 7th of August. There are many seats available for that day only. I am sure people are afraid of dying from another terrible plane crash. But I think 'Lightening never (seldom) strikes twice in the same place.'

쥐구멍에도 볕들 날 있다.

Every cloud has a silver lining / Every dog has his day.

(Something good can come out of bad situations.)

어느 부부가 있었다. 결혼한 지 10여년이 지나도록 아이가 없어 우울해하던 중 마침내 임신 사실을 알게 되었고 온 세상을 얻은 것처럼 기뻐 어쩔 줄 몰랐다. 그동안의 고통이 하루 아침에 사라지는 듯 했다. 그런데 아이가 자라면서 친구와 어울리기를 싫어하는 등 이상한 행동을 보여 병원을 찾게 되었다. 자폐증이라는 의사의 진단에 하늘이 꺼지는 절망에 빠졌다. 그러나 인내심을 가지고 장기간 치료하여 마침내 정상적인 학교생활을 할 수 있게 되었다. 그렇지만 뒤쳐진 성적은 만회하지 못했고 졸업 후 제대로 취업을 할 수 없었다. 또 다시 힘든 시기를 보내야 했으나 몇 년 후 자립할 수 있는 직장을 구해 결혼하고 행복한 가정을 꾸미게 되었다. 그제서야 그 부부는 안심하고 여생을 마무리할 수 있었다.

A : I don't know how long we should stay in these difficult financial difficulties.

B : Please, be patient. 'Every cloud has a silver lining' / 'Every dog has his day.'

고생 끝에 낙이 온다 / 비 온 뒤에 땅이 굳어진다.

After a storm comes a calm.

(Enduring difficulties brings happiness.)

사계절이 뚜렷한 한국의 지리적 조건은 항상 춥고 눈이 녹지 않는 나라, 반대로 늘 후덥지근하고 비가 많은 나라, 또는 사막성 기후로 언제나 건조하고 뜨거운 나라와 비교할 때 참으로 복을 많이 받았다고 할 수 있다. 물론 여름의 끝자락인 8월말과 9월초 사이에 태풍의 영향으로 비를 동반한 강한 바람 때문에 피해를 보기도 한다. 그렇지만 그러한 태풍이 바다의 수온을 조절하여 생물이 건강하게 살 수 있도록 하는 등 자연의 질서를 위해 없어서는 안 될 긍정적 역할을 하기 때문에 두려워 할 것만은 아닌 것 같다. 뿐만 아니라 태풍을 견딘 후의 평안함과 청명하고 쾌적한 하늘이 가져다주는 행복을 사람들은 맛볼 수 있다. 우리의 삶도 고통을 겪으면서 강인하게 성장해간다. 특히 어려움을 경험하지 않고는 진정한 예술이 탄생할 수 없다.

A : My wife and I have raised four children. We have been so busy that we didn't have any time to travel in and out of our country. Our youngest will graduate from college next year.

B : You will then be able to enjoy your own life between you and your wife. 'After a storm comes a calm.'

겨울이 오면 봄은 멀지 않으리.

April showers bring May flowers.

(When winter comes, spring is not far away.)

문명의 이기를 누리기 위해 자연을 훼손하면서 기후 변화에도 이상이 생기고 쓰나미, 지진과 같은 자연재해가 세계 곳곳에서 발생하고 있다. 우리나라도 예외는 아니어서 이상 고온, 또는 이상 저온 현상 때문에 생태계가 심각한 악영향을 받고 있다. 그나마 다행스럽게도 짧아지기는 했어도 봄과 가을이 겨울과 여름사이에 존재한다. 계절의 이러한 변화는 우리에게 내일에 대한 희망의 메시지를 가져다준다. 그래서 추운 겨울이 없는 아프리카나 더운 여름이 없는 알래스카는 삶 자체가 매우 힘들다고들 한다. 연봉이 많아 알래스카에 자리 잡으려 했던 대학교수들이 얼마 견디지 못하고 떠나는 것도 지루하게 추운 날씨가 희망을 앗아가기 때문이리라. 영국의 시인 셸리(Shelley)의 Ode to the West Wind에서 나오는 구절을 느낄 수 없기 때문이다.

A : It seems I am the only unlucky person in this world, although I have been working hard all my life. I can't find either a job or a woman I really want.

B : Ben, cheer up and keep on searching. 'April showers bring May flowers.' You'll soon find what you want.

달도 차면 기운다 / 열흘 붉은 꽃이 없다.

What goes up must go down / Every flow has its ebb.

(Everything comes to an end.)

회사에 따라 임금 피크제라는 제도가 있다. 보통 50대 중반을 전후해서 그때까지 올라갔던 연봉이 다시 조금씩 내려가는 방식을 취한다. 이는 실업률을 낮추면서 인력을 최대한 활용하자는 취지에서 운영된다. 한편 흔히 과학자는 20대 또는 30대에 최고의 연구 성과를 낼 수 있기 때문에 노벨과학상 수상자들 대부분이 상은 나이 들어서 받지만 업적은 이미 젊었을 때 발표한 것이라고 한다. 이처럼 전공분야에 따라 차이가 크기는 하지만 일반적으로 50대에 개인으로써 최대의 능력이 발휘된다는 가정 하에 임금피크제가 도입되었다. 청년 실업이 악화될 우려가 있고 생산성이 떨어져 재검토가 논의되고 있지만 누구든지 미리 마음의 준비를 하고 겸허하게 현실을 받아들일 필요가 있다.

A : Mr. Hong seems to be in his heyday of work. I hope he will not make too many enemies, though.

B : I also worry about him. He doesn't seem to realize that 'What goes up must go down' / 'Every flow has its ebb.'

인생만사 새옹지마.

Life is full of ups and downs.

(There are many hopes and disappointments in our life.)

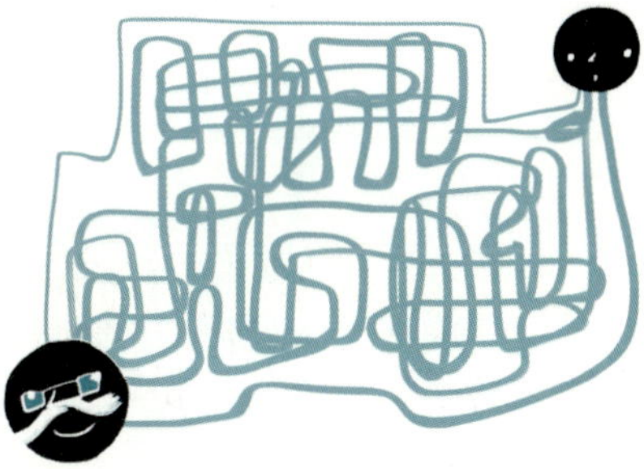

기준군은 학교 성적이 상위권이어서 원하는 대학의 원하는 학과에 합격할 수 있을 것이라고 확신했었다. 그런데 대학 수능시험에서 예상외로 성적이 좋지 않았고 재수할 각오하고 지원했는데 역시 실패했다. 예상은 했었는데도 하늘이 무너지는 절망감에 빠져 지내다가 친구의 강력한 권유로 다음 군에 도전하여 합격하였다. 마음에 내키지는 않았지만 등록금 전액 면제 장학금이 나와 등록했고 수업을 듣다보니 계속 다녀야겠다는 생각이 들었다. 4년 동안 열심히 한 덕분에 장학금으로 유학을 가게 되었고 중간에 학업을 중단할 일들이 여러 번 있었음에도 불구하고 그때마다 다시 일어나 무난히 박사학위를 취득하였다. 오뚜기처럼 지치지 않고 도전하다보면 적절한 보상이 따르게 되어있다.

A : I don't know what to do now. My husband failed in his business and our only daughter also failed in college.

B : Please cheer up. 'Life is full of ups and downs.' You'll get it over soon and start up again.

철들자 망령든다.

Life is half spent before we know what it is.

(It will be already the time to depart as soon as we are mature enough.)

아들 정우는 중학교 2학년이다. 항상 명랑하고 말하기를 좋아하여 집에 오면 조잘거리던 아이가 사춘기가 왔는지 혼자 있기를 좋아하고 주위에서 누구라도 무어라 한마디 하면 화부터 낸다. 상급학교 진학도 고민해야 하는데 엄마로서 걱정이 이만저만이 아니다. 본인이 다 알아서 할 테니 참견하지 말라는 식으로 어른들 말에 전혀 반응을 보이지 않는다. 생각해보니 나도 그만했을 때 비슷한 행동을 하여 부모님과 선생님의 마음을 애태우게 해드렸던 것 같다. 70, 80된 어른들이 중년인 우리를 보면 역시 마음에 들지 않을 것이라는 생각이 들어 마음이 무거웠다.

A : My friend, I have lived to be 50, but there was never a time when I didn't regret what I had done.

B : For me, it's the same. It's very sad to understand that 'Life is half spent before we know what it is.'

늙으면 아이된다.

Old men are twice children.

(One goes back to a child when s/he is very old.)

할머니는 올해 95세다. 85세까지는 누구보다도 건강하셔서 밖의 생활을 많이 하시는 어머니를 도와 집안일도 꽤 거들어 주셨다. 그러나 그 후 육체적으로 많이 쇠약해지시더니 치매증상이 나타났고 병원치료를 받으시기 시작했다. 처음에는 차도를 보이는 것 같았는데 이제는 그것도 아닌 것 같다. 노여움을 많이 타서 자주 울기도 하고 목욕도 안하겠다고 떼를 쓰곤 하여 달래서 시켜드린다고 한다. 다시 아이로 돌아가고 계신 듯 하다. 부모님은 노인 요양원을 알아보고 계시다. 지구촌 사람들의 건강에 대한 높은 관심과 의학의 눈부신 발달로 인간의 평균수명이 급속도로 높아지고 있다. 그렇지만 죽는 날까지 품위를 지키는 것은 쉽지 않은 것 같다.

A : It was very sad for me to see my father become a child. He expressed anger toward me crying that I should visit him more often. He was very independent until a couple of years ago.

B : He is over 90, isn't he? Let's go and see him more often. 'Old men are twice children.'

인생은 연극이다.

All the world's a stage and all the men and women merely players.

(People in general seem to be actors and actresses, disguising themselves.)

우리나라 국회의원들이 국회에서 국민의 대표로 의사결정을 하고 예산 책정을 하는 모습은 차라리 연극이다. 진정성 있는 자세로 국가의 거시적 미래를 보고 국민을 대변하는 모습이 아니라 개인, 지역구 또는 소속당의 코앞의 이익만을 챙기기 위하여 철새처럼 움직이며 소신없이 행동하는 의원들이 많기 때문이다. 의사결정에 앞서 질문하고 대답하는 모습을 보면 하나같이 반대를 위한 반대를 하거나 찬성을 위한 찬성을 하는 경우가 많다. 한 가지 더 놀라운 사실은 상대 당 사람들을 향해 무차별한 독설이 오고 가다가도 일단 그 자리를 뜨고 나면 함께 먹고 마시며 여흥을 즐기기도 한다는 것이다. Shakespeare의 작품 중 하나인 'As you like it'의 2막 7장에서 Jaques가 동생에게 공작의 지위를 찬탈당한 Duke Senior에게 한 대사가 생각난다.

A : Look! Who are those couple there? They don't stop crying over the death of my grandfather. But I don't even know them.

B : They showed up just last week and claimed the man is a nephew of your grandparents. After all, 'All the world's a stage and all the men and women merely players.'

세월이 유수같다.

Time flies.

(Time goes too fast.)

아주 어렸을 때를 제외하고 적당히 철이 들고 나서는 누구에게나 시간이 빨리 흘러간다고 여겨진다. 대체로 나이가 들어갈수록 속도가 빠르다고 느낀다고 한다. 하루, 일주일, 한 달, 한 계절이 정신없이 지나다 보면 어느새 또 년 말이 되어 허무하다는 생각을 대부분 하게 된다. 한편, 1년을 365일로 정하여 매년 한 번씩 지나간 날들을 정리하고 새해를 계획할 수 있도록 시간의 기준을 정하여 사용해왔다는 것에 늘 감사하게 된다. 그렇지 않았다면 살아가는 것이 한없이 무료하고 지루했을 것 같다. 비록 새해의 결심이 삼일로 끝난다 해도 새로운 희망을 가질 수 있다는 것은 언제나 우리를 설레게 한다.

A : When was the last time you went to China?

B : It was exactly five years ago. I was a sophomore in college, but it seems it was just last year. 'Time flies.'

역사는 반복된다.

History repeats itself.

(Some ways of thinking never change.)

각 국의 경제적인 발달단계를 보면 유사한 과정을 거친다. 예를 들면 미국이나 유럽, 일본이 자국의 비싼 인건비 때문에 인건비가 저렴한 한국, 중국, 인도같은 아시아국가에 공장을 만들고 제품을 생산하여 팔았었다. 이러한 과정에서 제품에 문제점이 발생하여 자동차가 무더기로 리콜되는 사태가 발생하기도 했다. 그런데 이번에는 한국이 중국, 필리핀, 베트남 등에 진출하여 경비를 절감했다. 그리고 얼마 후 이번에는 한국 차들이 유사한 문제점을 드러내 타격을 받았다. 경제 뿐 아니라 정치 상황도 선진국이 겪었던 것을 후진국이 겪어가면서 비슷하게 힘든 과정을 밟아가야만 하는 것이 안타깝다. 당나라 <위징전>에서도 "이고위감, 가지흥체(以古爲鑑, 可知興替)" '옛일을 거울로 삼는다면 흥하고 망하는 것을 알 수 있다'고 하지 않았던가?

A : What's your favorite television drama?

B : It is usually one on history. I find that the same dirty power games inside political circles are still played widely these days. 'History repeats itself.'

사람은 이름을 남기고 호랑이는 가죽을 남긴다.

The good that men do lives after them / The good name will shine forever.

(People are generally remembered for their great accomplishments.)

역사상 후손들의 추앙을 받는 위대한 인물들이 많이 있다. 국내에는 한글을 창조한 세종대왕, 당시로서는 최신 무기와 수적으로 우세한 군인들로 무장한 일본을 물리친 이순신 장군이 있고 세계적으로는 전기를 발명한 에디슨, 독재에 비폭력 항거를 외친 간디, 사랑의 의술을 펼친 슈바이처 등 헤아릴 수 없이 많다. 그렇지만 누구나 이처럼 대단히 위대한 업적을 남겨야 하는 것은 아니다. 어려운 사람들을 위해 작은 사랑을 베풀고, 자식을 잘 키우고 학생을 잘 가르치는 등 누구든지 자신의 맡은 바 책임을 다하려고 노력해서 가족과 이웃들의 기억 속에 영원히 남을 수 있다면 모두 위대한 사람이라고 자부할 수 있을 것이다. 이 세상에 태어난 축복을 받은 우리는 모두가 누군가의 기억에 영원히 남을 좋은 추억을 남기고 떠나야 할 의무가 있는 것이다.

A : I hear that the former president has been leading 'Green Drive' to make our environment clean.

B : He will long be remembered for that, since 'The good that men do lives after them' / 'The good name will shine forever.'

찾아보기

ㄱ

ㄴ

ㄷ

ㅁ

ㅂ

ㅅ

ㅇ

ㅊ

ㅋ

ㅌ

ㅍ

ㅎ

A

E

F

G

H

I

K

L

M

N

T

U

V

W

Y